DIE BAYERISCHEN GEBIRGSSCHÜTZEN

PAUL ERNST RATTELMÜLLER

Die Bayerischen Gebirgsschützen

SÜDDEUTSCHER VERLAG

Gestaltung des Schutzumschlags:
Rudolf Miggisch (unter Verwendung eines Aquarells von P. E. Rattelmüller und zweier Lithographien von Gustav Wilhelm Kraus, 1835)
Der Band enthält 12 farbige Tafeln nach Aquarellen von Paul Ernst Rattelmüller sowie 10 Reproduktionen nach zeitgenössischen Darstellungen.

ISBN 3-7991-5984-3

Printed in Germany. Reproduktion: Karl Wenschow GmbH, München.
Druck: Offsetdruck Kirmair, München.
Bindearbeit: Conzella Urban Meister, München.

Meine erste Begegnung mit den Gebirgsschützen weiß ich noch genau — es war in Benediktbeuern, am Fronleichnamstag: kurz vor acht Uhr. Der Klosterhof ist leer, denn alle Kirchgänger gehen hier über den Friedhof zur Kirche; von weitem trägt der Wind Musikfetzen herüber, und auf einmal dröhnen die Trommeln des Spielmannszuges im Durchgang zum Klosterhof. Immer im Linksschritt werden sie von den Spielleuten geschlagen, und dazu schmettert die Musik den Bayerischen Defiliermarsch. — Die Schützen kommen. Voraus der Tambourmajor und die Spielleute, der Musikmeister und die Musiker und dann der Hauptmann mit blankgezogenem Säbel, den weißblauen Federbusch auf dem schwarzen Stopselhut, auf dem halblangen dunkelgrünen Rock schimmern die silbernen Knöpfe. Ihm folgt der Fähnrich mit breitausladendem Schnurrbart, den silbernen Ringkragen mit dem königlichen Vollwappen um den Hals. Mit Schwung dreht er die weißgrüne Schützenfahne. Begleitet ist er von den Sappeuren, den Kompaniezimmerleuten, traditionsgemäß, wie es sich gehört, mit Vollbärten, mit langen braunen Lederschürzen, messingbeschlagenen Pistolen am Gurt und die Zimmermannsbeile geschultert.
Dahinter marschieren die Schützen. Sie tragen schwarze Stopselhüte, grüne Bänder um den Gupf, Spielhahnfedern und Blumen links, zwei goldene Quasten rechts. Auf ihren halblangen moosgrünen Röcken haben sie gezackte Aufschläge und silberne Knöpfe, darunter die kurzen, schwarzen, grünbestickten Lederhosen, und alle haben sie die weißen, gemodelten, grünbestickten Umschlagstrümpfe. Den Stutzen geschultert, marschieren sie in den großen Arkadenhof des Klosters Benediktbeuern. Mit einem Schlag bricht das Spiel ab. Der Kies knirscht unter den Schritten der Schützen. Der Hauptmann tritt auf die Seite — senkt den Degen und kommandiert laut:
»Kompanie — halt! Nach vorwärts — weggetreten!«

Nach und nach verschwinden die Schützen im Dunkel des Kirchenportals. Vorn, zu beiden Seiten des Hochaltars, sammeln sie sich wieder. Dort nimmt ein Zug, Gewehr bei Fuß, Aufstellung. Vor der Kommunionbank steht groß und mächtig der Schützenhauptmann. Gleich hinter ihm auf den Stufen zum Speisgitter steht der Tambourmajor auf seinen Stab gestützt, dahinter der Spielmannszug, der Fähnrich mit Fahnenbegleitung, die Schützen. Die Frauen in der Tracht mit den goldglitzernden Schnüren auf dem Hut füllen die Kirchenbänke — vor ihnen die jungen Mädchen im blumengeschmückten Mieder, Kranzl im Haar — ganz vorne die Kinder in den weißen Kommunionkleidern.
Bläulich steht der Weihrauch vor dem Hochaltar, träge zieht er sich um die Geistlichen, die Ministranten und die Schützen, und golden und silbern glitzern die Gewänder der Priester. Der Schützenhauptmann streckt sich — die Degenspitze zeigt zu Boden: »Kompanie — stillgestanden! — Zum Gebet!« Die Blumen und der weißblaue Flaum auf den Hüten des Hauptmanns, des Tambourmajors und des Fähnrichs zittern, die Schützen senken die Köpfe. Das Gewehr bei Fuß in der rechten Hand, salutieren sie mit der linken. Die Fahne neigt sich, der mit einer weißblauen Kordel umwickelte Tambourstock steht hoch über den Schützen, an seiner metallenen Spitze baumeln die beiden Quasten.
Der Geistliche hält den Leib des Herrn hoch, die Ministranten klingeln, die Andächtigen knien in den Bänken und bekreuzigen sich — mit mächtigen Schlägen verkünden die Glocken vom Turm die heilige Wandlung, in kurzen Abständen kracht der Veteranenböller über den Friedhof, und wuchtig dröhnt der Trommelwirbel der Spielleute durch die altehrwürdige Klosterkirche.
Wenn man heute das Auftreten unserer Gebirgsschützenkompanien miterlebt, dann spürt man, daß es nicht »Maschkera«, keine Fremdenverkehrsshow, nicht aufgesetzte Folklore-Vereinsmeierei ist, sondern daß da mehr dahintersteckt: eine Jahrhunderte alte Tradition nämlich, eine der wenigen bayerischen Traditionen, denen das Lebenslicht nicht ausgeblasen ist.

Will man die Traditionen unserer Gebirgsschützen zurückverfolgen, dann muß man schon sehr weit zurückgreifen. Am Anfang hat wohl auch im bayerischen Stammesherzogtum die Wehrpflicht für alle waffenfähigen Männer gegolten. Im Lehensstaat dann, bis zum beginnenden 12. Jahrhundert etwa, verliert sich dieser Brauch. Das Volksheer weicht dem Ritterheer und wird im Lauf der Zeit von Miliz- oder Söldnerheeren abgelöst. Miliz, das war das wenig geschulte Volksaufgebot, das wegen seiner mangelhaften Ausbildung in Kriegen nie die Bedeutung gehabt hat wie Söldnerheere, die vor allem vom 16. bis zum Ende des 18. Jahrhunderts üblich waren.

Und doch sind die Milizen von der Landesverteidigung nicht wegzudenken, und hier liegt die Betonung nun wirklich auf Verteidigung.

Von der Mitte des 14. und während des ganzen 15. Jahrhunderts lassen sich in Bayern fünf Teile der bewaffneten Macht unterscheiden.

1. Die herzoglichen Lehensleute, die mit ihrem Gefolge zu Pferde ausrücken und die Hauptmasse der Reiterei ausmachen.
2. Die Diener und Räte »von Haus aus« – Adelige, die zwar nicht im Lehens- und Untertanenverhältnis zum Herzog stehen, aber mit ihm einen besonderen Dienstvertrag abgeschlossen haben und im Fall der Not oder auf Abruf bewaffnet bereitstehen müssen.
3. Die Städte und Märkte, die vor allem Fußvolk, aber auch Artillerie stellen.
4. Die Söldner, auch »Trabanten« genannt, die meist das Fußvolk stellen.
5. und letztens – das Landaufgebot der Bauern, denn jeder Waffenfähige war aufgrund des Königsdienstes zur Verteidigung des Landes verpflichtet.

Und gerade dieses Landaufgebot geht uns, im Zusammenhang mit den Gebirgsschützen, besonders an.

Strenggenommen beginnt hier zwar noch nicht die Geschichte un-

serer Gebirgsschützenkompanien (die es unter diesem Namen ja erst viel später gibt), sondern vielmehr die Geschichte des Heeres — oder richtiger die Geschichte der Landwehr.
Im Kriegs- und Notfall geht der Ruf des Herzogs durch das Land, die Aufgebotenen haben sich zu versammeln. Aus der Zeit zwischen 1439 und 1500 sind allein in Rosenheim noch zwanzig solcher Aufgebotschreiben erhalten. Ende des 15. Jahrhunderts versucht man zunächst mit Freiwilligen eine Söldnertruppe aufzubauen, soweit das nicht gelingt, wird aus dem Landaufgebot jeder achte Mann ausgemustert. Man versucht das mit Freiwilligen und schafft so ein stehendes Söldnerkorps.
Als die Linie der niederbayerischen Herzöge ausstirbt, kommt es zum bayerischen Erbfolgekrieg, der auch den Chiemgau nicht verschont. Dazu schreibt Adolf von Bomhard: ». . . die festen Plätze Aschau, Wildenwart, Marquartstein und Traunstein wurden im Herbst 1504 belagert und eingenommen . . . Allerorts aber setzten sich die Bauern selbst zum Schutz ihres Heimes oder Ortes gegen diese Landsknechte zur Wehr. Es bildeten sich, wo sie noch nicht bestanden, freiwillige Stadt- und Landfahnen, die eigentlichen Vorgänger unserer Gebirgsschützenformationen. Diese freiwilligen Einrichtungen finden wir erstmals im Aschauer Tal 1552 erwähnt, als Aschau die schlimmen Folgen des Schmalkaldischen Krieges kennenlernte. Um diese Zeit entstand in Aschau und vermutlich bald danach in Prien die erste Schießstätte . . .«
Dann gehören natürlich zur Landesverteidigung auch die sogenannten Schützengilden. So gibt es wohl um 1507 in Rosenheim schon eine Schützengesellschaft in Verbindung mit der Sebastiani-Bruderschaft, denn das erste Glied in ihrer Schützenkette stammt aus diesem Jahr. Von den Kufsteiner Schützen weiß man, daß sie 1519 erstmals ihren Jahrtag feiern.
Zu den angeworbenen Söldnern und der Landwehr, die der Herzog aufrufen kann, tritt nun allem Anschein nach eine dritte Kraft: die Schützengilden. Sie werden im 16. Jahrhundert von

Gebirgsschützen-Kompanie
KOCHEL
Hauptmann und Schütz

den Fürsten stark gefördert, stellen sich bald im Kriegs- und Notfall zur Verfügung und haben von Anfang an starke kirchliche Bindungen. Sie sind zum guten Teil in der Art kirchlicher Bruderschaften organisiert und stellen zum Beispiel die Begleitung bei Prozessionen und Versehgängen. Aber ihre Hauptaufgabe ist die Landesverteidigung im Ernstfall. Das also, Landesdefension nämlich, ist der Ursprung unserer Schützenkompanien ... und der Begriff der Landesdefension taucht bereits unter Herzog Wilhelm V. auf. 1583 läßt er unter dem Vorsitz seines Bruders Ferdinand eine Kommission zur Durchführung der Landesbewaffnung zusammenrufen, läßt die lange versäumte Musterung der landesgerichtlichen Untertanen nachholen, befiehlt die Besichtigung und Bestandsaufnahme des Münchener Zeughauses. Aber die Ausführung der Landesbewaffnung wird auf die lange Bank geschoben.

Unter Kurfürst Maximilian I.

Folgen wir hier einmal der umfangreichen und sehr zuverlässigen »Geschichte des kurbayerischen Heeres« von Karl Staudinger: »... Erst als Herzog Maximilian ... um 1594, zunächst gemeinsam mit seinem Vater, die Regierung übernimmt, erscheint das ›Landesdefensionswerk‹, dessen Ursprung bis auf die Tage Herzog Wilhelms IV. (1508–1550) zurückreicht, immer deutlicher im Vordergrunde der landesherrlichen Fürsorge. Besonders lebhaft bemüht sich Maximilian seit 1595 um die Wehrhaftigkeit des ›ausgewählten Landvolks‹ und ließ hiezu am 24. Februar die erste Generalmusterung aller Landesunterthanen abhalten ...« Im gleichen Jahr wird – um ein Beispiel zu nennen – auf Befehl des Herzogs von Rosenheim eine Bürgerwehr aufgestellt. Die Rosenheimer Bürgersöhne werden auf das herzogliche Pfleg-

schloß befohlen und im Schießen exerziert. Aber folgen wir weiter der »Geschichte des kurbayerischen Heeres«.
»... Am 26. April 1599 erhalten die Städte und Märkte die Aufforderung, noch vorhandene Vorräte an Rüstungen anzugeben und mit dem Generalerlaß vom 4. Dezember beginnt endgültig die allgemeine Landesbewehrung. Innerhalb von 14 Tagen sollen die Hofmarksherren Bericht erstatten, mit welchen Waffen sie die ersten Aufgebote, den 20. und den 10. Mann bereits ausgerüstet haben.
... Soweit Musterung und Bewaffnung der Unterthanen sich noch im Rückstande befand, war sie laut Befehl vom 24. November 1600 an ›die zum Landesdefensionswerke deputierten Räte‹ demnächst vorzunehmen, eine Kriegs- und Lermans-Ordnung, d. h. Alarmordnung auszugeben, die Zahlenstärke der Aufgebote, des 30., 10. und 5. Mannes festzustellen, und die Musterung aller Reisigen, ob Hofgesinde, Landsassen oder Provisoner, durchzuführen ... die Ausgewählten wurden in Rotten von zehn Mann geteilt, und aus diesen einer der Tauglichsten zum Rottmeister bestellt. Schieß- und andere Übungen fanden an Sonn- und Feiertagen auf in der Nähe der Gerichtshäuser angelegten Schieß- und Exerzierplätzen statt ...«
Es würde hier zu weit führen, all die Einzelheiten der herzoglich-bayerischen Landesdefension aufzuführen, aber eines sei hier doch noch erwähnt — nämlich die Kleidung. Der Herzog verfügt nämlich, daß die Musketiere »alle mit weissen Schützenröcklein und blauen burgundischen Kreuzen, mit weissen Hüten und blauen Binden aufziehen« sollen. 1605 befiehlt er, daß man den Auserwählten »ihre langen Bärte und Haare am Kopf abschneiden und nur vorn einen Schopf oder Locken auf Soldatisch stehen lasse«. Von allen Neuerungen des Herzogs aber verursacht keine solche Aufregung wie das Verlangen nach Einführung einer zweckmäßigen neuen Bauerntracht, weil die bis dahin üblichen enggespannten Kniebundhosen der Landleute die Handhabung der Waffen außerordentlich behindern würden.

». . . Er wolle eine eigene weitere Form der Beinkleider und des Wamses auf Galeotische Art einführen.« Nach Schmeller hat man die auf venezianischen Schiffen aus Bayern abgelieferten Wilddiebe »Galeoten« genannt. Da diese beim Rudern bequeme Kleider brauchten, scheint man ihrer Tracht diese Landestracht nachgebildet zu haben.

Die Bauern murren und maulen, und dem Herzog versucht man nahezulegen, mit der neuen Tracht so lange zu warten, bis man den Bauern diese Veränderungen in den Kopf bringe. Aber der Herzog entgegnet unwirsch: ». . . Wenn er wisse, daß er die neue Wehrmannschaft so lange nicht zur Vertheidigung des Landes verwenden könne bis man so viele Bauernköpfe zu Einem Sinn und aus ihren alten Hosen brächte, wolle er lieber das ganze Defensionswerk aufgeben, er fordere nur, daß der Bauer, wenn er ohnehin neuer Hosen bedürfe, sie nach Vorschrift machen ließe, Stoff und Farben seien ihm gleichgiltig: nur der Schnitt müsse eingehalten werden . . .«

Nun — Herzog Maximilian I. hat sein Defensionswerk nicht aufgegeben. Die Bauern üben sich im Scheibenschießen, und der Herzog ist rigoros: Kein lediger Bauernbursche oder Geselle darf heiraten, ehe er sich nicht in der Muskete hat abrichten lassen.

Aus dieser Zeit gibt es eine Instruktion, in der steht, was man von einem Angehörigen eines Landfahnens alles verlangen kann und was er im Umgang mit der Muskete alles können muß:

»1. sein Gewehr aufheben und auf die linke Achsel bringen, auch mit der Gabel marschieren,

2. die Muskete von der Schulter nehmen, zum Schießen fertig machen und wirklich schießen,

3. zierlich, geschwind und mit Vortheil laden,

4. mit seiner Wehr Schildwache stehen und gegebenenfalls Reverenz erzeigen, was bei den mit dem Hut Versehenen durch Abnahme desselben geschah,

5. auf der Schildwache schießen und

6. auf der Schildwache wieder zum Schießen fertig machen.«

Und dann hat man natürlich sicher auch verlangt, daß er trifft, getreu dem alten bayerischen Sprichwort: »Nah schiaß'n hilft nix! — Treff'n — treff'n!«
Aber auch Schießen hat so ein Landwehr-Musketier gelernt, nur hat man ihn wohlgemerkt erst auf die Scheibe schießen lassen, wenn er die Griffe und Handhabung seiner Muskete beherrscht hat. Hat er dann trotzdem einmal danebengeschossen, dann hat er sich ja mit einem anderen Spruch trösten können, daß nämlich »net g'schoss'n aa g'fehlt ist«.
Am 24. Oktober 1615 erteilt Maximilian I. eine 16 Artikel umfassende Instruktion für einen Oberhauptmann über die Landfahnen. Bald soll es ernst werden: Der Dreißigjährige Krieg bricht aus. Der Herzog läßt seine Landfahnen besser ausbilden — auch im Isarwinkel — und am 21. September 1618 berichtet der Leutnant von Benediktbeuern und Tölz, er habe die neue Einübung vorgenommen und sie hätten »sich also wohl angelassen, daß er sich neben anderen Fändeln mit Gottes Hilfe zu bestehen getraue«.
Es ist auch überliefert, daß der Pfleger Wolf Wilhelm Hundt von Falkenstein an Sonntagen nach dem Gottesdienst Schießübungen für die Rosenheimer Schützen, für die Angehörigen des Rosenheimer Landfahnens, abgehalten hat. 1618 ist in der Liste der bewilligten »Schützen-Vortl«, der sogenannte Schützenvorteil, auch Auerburg — das heutige Oberaudorf — aufgezeichnet; mit 4 Gulden, 34 Kreuzer und 2 Hellern.
Im Jahr 1618 stehen in Altbayern 33 Landfahnen in einer Stärke von je 300—500 Mann, manchmal sind es auch mehr. Im Mai 1622 ist »das Fenndl zu Töltz«, »47 Mann ausgewelte underthanen« nach Rain am Lech kommandiert. Ja, die Tölzer Schützen, 134 Mann stark, werden im gleichen Jahr zur Verteidigung der Stadt Weilheim beordert, und sie lösen ihre Aufgabe im Angriff mit Erfolg.
Von den Zeiten, in denen dann die Schweden in Bayern einfallen, ist uns von der oberbayerischen Landesdefension nicht viel über-

liefert. Aber man weiß, daß sich am 25. Mai 1632 die Bauern von Arzbach und Wackersberg, von Gaißach, Lenggries und Reichersbeuern gegen plündernde schwedische Soldaten zur Wehr setzen. Sie ziehen durch die in Asche gelegten Ortschaften nach Dietramszell.

An der Stelle, wo sich beim Marterbauern die Straße abwärts senkt, kommt es mit schwedischen Reitern zum Gefecht. Von allen Seiten blitzt's und kracht's, Rosse und Reiter stürzen, 53 Pferde werden siegreich erbeutet.

Der Tölzer Pfleger Crivelli, selbst mit knapper Not den Folterungen der schwedischen Soldaten entkommen, läßt »als er wieder zu dem Markt gekommen, die gesammte Bauernschaft durch offene Trumblschlag in das Schloß hineinberufen, bedankt sich sonderlich gegen die Hofmarchischen wegen dieses ritterlichen Beistandes und versprach ihnen zu essen und zu trinken reichen zu lassen, wenn sie nur beim Markt verblieben. Auf dieses Erbitten und Anerbieten blieb die Baurschaft fünf Wochen beim Markt und hielt Wache. Unterdes sammelte der Pfleger Crivelli Mannschaft und verfolgte die rings streifenden Schweden . . .«

Mit gutem Grund können wir annehmen, daß diese Bauern zur Landesdefension gehört und daß dieses Gefecht gegen die Schweden eben unsere Gebirgsschützen ausgefochten haben.

Daß im übrigen die Ehre und das Verdienst dieser Schützen sehr handfest ausgezeichnet worden ist, weiß der einst sehr berühmte Professor Johann Nepomuk Sepp zu berichten.

». . . Noch liegt eine Anzahl Urkunden beim Gericht Tölz, im Archiv zu Hohenburg, sogar die Prozessakten mit den Namen von wohl dreissig Bauern, welche einen Stolz darein setzten, unter öffentlicher Anerkennung ihrer kriegerischen Leistung ihren Beutheteil herauszubekommen. Hierauf ging es an die Vertheilung der herrenlosen Rosse und Waffen. Die Bauern wollten, daß nach dieser vollbrachten Mannesthat ihre Namen auch in die Beschreibung kämen . . .«

Advokatisch also haben sie es niederlegen wollen, und wer was gekriegt hat und wie er seine Beute weiterverhandelt hat — alles ist advokatisch gemacht worden. Hier eine Kostprobe.

»... dem Aldwarth von Heilbrunn ein Ross neben Pistolen, dem Georg Bauer vor der Brucken ein Fuchs ... Michel Falleiß, Bäkkersohn von Tölz eine Stutte (Rothblass), die er an den Mesnerbub von Gaißach für 25 Gulden verkauft ... Georg Gering von Rimselrain bekommt einen Hengst, Uhr und Stiefel, Martin Gerstler von Reichersbeuern einen Rappen, Braunes Stüttl und einen Rock, ersteren verkauft er an Bäck von Attenloh um 40 Gulden ... Gilg aus der Puechen erhält Sättl und Kleider ... Han Hedl, Reitschmied gibt sich mit einem Rappen, Sattel und Pistolen zufrieden, die er dann an Peterbauern verkauft ...«

Und so weiter, und so weiter.

Wobei die Rösser, die die Schweden gestohlen oder requiriert hatten, ersetzt und nicht angerechnet werden. Die aufgeführten Pferde sind Beutegut und Siegerlohn.

In den Jahren von 1633—1638 sind die Landfahnen nur auf dem Papier vorhanden. Die Pest hat das Kriegführen weitgehend überflüssig gemacht. Am 5. März 1638 werden wenigstens in den Gerichten, die von den Schweden und der Pest nicht völlig ruiniert sind, die Landfahnen reorganisiert und ausschließlich mit Musketen bewaffnet; das geschieht unter anderem in den Gerichten Traunstein, Rosenheim, Wolfratshausen und Tölz.

Um eine Truppe mit besonders guten, zielsicheren Schützen zu haben, wird am 14. November 1642 aus allen Jägern, »Wild- und Pürschschützen«, Reisjägern und Jägerjungen ein besonderes Jägerregiment unter dem Oberjägermeister und Oberst zu Roß Wilhelm Graf zu Hohenwaldeck aufgestellt. Dieses Miesbacher Schützenregiment ist über 2300 Mann stark. Jeder muß seine eigene Büchse mitbringen, darf nur im Lande zur Defension — zur Verteidigung also — gebraucht und nie außer Landes geführt werden. Die Mannschaft nennt man nach ihrer Schützenuniform »die Grünröcke«.

Von diesen Kämpfen im Isartal leiten die Gebirgsschützenkompanien von Lenggries und Wackersberg, von Benediktbeuern, Gaißach, Reichersbeuern und der Jachenau ihre Tradition ab; die Schützen des Miesbacher Bezirks von den Hohenwaldecker Schützen. Schon im 17. Jahrhundert, dann auch in den Akten des vormaligen Klostergerichts Tegernsee aus den Jahren 1730—1740, finden wir erstmals Andeutungen über die »Birgsschützen«. Aber wie weit sie tatsächlich organisiert waren und ihre Organisation kontinuierlich bestanden hat, wissen wir nicht. Eines aber ist sicher, daß sich nämlich Gebirgsschützen in Zeiten großer Gefahren zusammengeschlossen haben, und es ist so gut wie sicher, daß mit dem beginnenden 18. Jahrhundert Gebirgsschützenkompanien im bayerischen Oberland bestanden haben.

Von 1648—1718

Im Grund wissen wir aus der Zeit nach dem Dreißigjährigen Krieg so gut wie nichts über die Gebirgsschützen und wenig genug über die Landfahnen. Sicher, wir können annehmen, daß sie in ihren Dörfern und Tälern schon eine Rolle spielen, denn durch das Land ziehen marodierende, plündernde Gestalten, entlassene Soldaten, die sich im Frieden nicht zurechtfinden können.

1675. — Einfälle von Tirolern alarmieren von neuem die Landfahnen entlang der bayerisch-tirolerischen Grenze. Sie stehen in der Linie Auerburg (dem heutigen Oberaudorf)—Fischbach—Kreuth—Lenggries—Benediktbeuern. An der Grenze werden für die Posten Blockhäuser errichtet, und die Alarmierung hat durch »Kreidefeuer« zu erfolgen.

Daneben gibt es auch in diesen Jahren natürlich Repräsentationsaufgaben. 1691 zum Beispiel muß die Landfahne Rosenheim mit ihren Schützen zur Fronleichnamsprozession und zu einer Parade vor dem Kurfürsten nach München ausrücken, und hier hört man erstmals auch etwas von einer Uniformierung, von einem Caputrock mit den Leonischen Borten, von halbseidenen Halsbinden. Dazu kommt für die Schützen ein eigener Gerüst- und Gepäckwagen.

Unter Max Emanuel versucht man die Landfahnen auch besser auszubilden. 1703 wirbt man unter den Landfahnen Ledige zum Dienst in der aktiven Armee, und im gleichen Jahr erhalten die Musketiere der Landfahnen eine Montur: eingebrämten Hut, Halstuch von rotem Krepp, blautuchenen Rock mit weißgrauen Aufschlägen, weißgraue tuchene Hosen, weißwollene gestrickte Strümpfe, eine Patronentasche mit gelbem Riemen und ein Wehrgehänge. Camisol, Schuhe mit Schnallen und einen Ranzen muß jeder Musketier selbst anschaffen.

1702 stehen in Ober- und Niederbayern dreißig Landfahnen, in der Oberpfalz elf.

Es ist Kriegszeit: der Spanische Erbfolgekrieg. Es geht um die spanische Königskrone.

Max Emanuel hat in den Türkenkriegen die Sache des Reiches vertreten und in kühnem Sturm die Festung Belgrad genommen. 1685 hat er sich mit der Tochter des Kaisers vermählt. Er hat zwar auf die spanischen Erbrechte verzichten müssen, aber die Anwartschaft auf die Niederlande ist ihm zugestanden worden, und König Karl von Spanien hat ihm die Statthalterschaft in den Niederlanden übertragen.

Der Krieg weit drunten, fast in der Türkei, hat von Bayern einen blutigen Zoll gefordert. 30 000 Bayern sind nicht mehr heimgekommen. 15 Millionen Gulden hat das Unternehmen gekostet. Die Residenz des Kurfürsten Max Emanuel ist von nun an vor allem Brüssel gewesen. Die Gemahlin des Kurfürsten ist bei der Geburt des Kurprinzen gestorben, und als drei Jahre später Max Emanuel die Tochter des Polenkönigs Sobieski geheiratet und sich vorsichtig am Diplomatenspiel um die spanische Königskrone beteiligt hat, kommt es zur ersten Abkühlung des Verhältnisses

Gebirgsschützen-Kompanie
MITTENWALD
Schützen und Marketenderin aus Kochel

zu Wien. Zum Bruch ist es dann gekommen, als Karl II., der König von Spanien, ohne Rücksicht auf alle Abmachungen, den bayerischen Kurprinzen Joseph Ferdinand zum Universalerben einsetzt. Dieses Erbe hat nicht nur Spanien bedeutet, sondern auch die Besitzungen in Mailand, Neapel, Sizilien, die Niederlande und die beiden Indien. 1699 ist der Kurprinz gestorben, das Kartenhaus eingestürzt. Der Kurfürst ist verbittert, denn er ist überzeugt, daß der Kurprinz im Auftrag Wiens ermordet worden ist.

Frankreich und Österreich rivalisieren nun um die spanische Krone. Es kommt 1701 zum Spanischen Erbfolgekrieg. Max Emanuel muß sich, um wenigstens die spanischen Niederlande zu retten, auf eine der beiden Seiten stellen. Er zögert – ein verärgert schäbiges Feilschen des Kaisers, ein großzügiges Werben Ludwigs XIV., und so geht am 21. August 1702 der Kurier mit dem Bündnisvertrag nach Paris.

Damit wird für Altbayern die Grenze nach Tirol zur Front, und wenn nun auch an dieser Grenze die Landfahnen aufgeboten werden, so sind, das kann man mit einiger Sicherheit sagen, die Gebirgsschützen dabeigewesen.

Es gibt eine »Übersicht der von dem Kloster Benediktbeuern für das allgemeine Landes-Defensionswesen im Spanischen Erbfolgekrieg aufgebotenen Untertanen sowie die längs der Grenze gegen Tirol in den Gebietsteilen der Klöster Benediktbeuern und Tegernsee vom Jahre 1702 bis 1705 getroffenen Verteidigungs-Anstalten von Max Grafen Topor Morawitzky«.

Da steht zu lesen:

» . . . Von Seite Tirols wurden Brandschatzungen erhoben, Vieh weggetrieben usw. Diesen an der Tiroler Grenze zunächst wohnenden Untertanen wurde genehmigt, nicht zu den Landfahnen im Innern Bayerns mit verwendet zu werden, sondern zur Bewachung der Strassen und Gebirgspässe usw. in ihren Distrikten verbleiben zu dürfen.

Der Abt des Stiftes Benediktbeuern war am weitesten vorgeschritten in dem er sämtliche waffenfähige und noch wehrfähige Unter-

tanen seines Gebietes militärisch organisierte, Anführer ernannte und die Mannschaft in Abteilungen formierte.
Kloster Benediktbeuern vom Jahre 1703 bis zum 25. Dezember 1705.
Specifikation der Kloster Benediktbeuerischen Postierung, die vom 20. 1. 1703 ständig besetzt worden ist:

I. Hauptpostierung an der Loisach bei St. Johannisrain:
3 Mann mit 2 Batterien, wobei 7 Fakonet, 1 Serpentin und 6 Pöller, auch 2 Doppelhacken.
1. Feldpostierung beim Riederer Weiher usw.
2. Errichtung einer Brustwehr jenseits der Loisach.
3. Posten vor der ersten Hauptpostierung bei Achbruck an der Straße Tölz—Weilheim. Die Loisachbrücke ist ›abgeworfen‹.
4. Feldpostierung bei der Feichte, wo die Loisach von Sindelsdorf her leicht passiert werden kann.
5. Feldpostierung zu Brunnenbach, wo die Loisach passabl ist.

II. Hauptpostierung am Walchensee mit 7 Fakonet und 2 Serpentin, und defendirt erstlich:
1. Feldpostierung am Joch bei Hammerbach, wo der Feind entweder von Schlehdorf heraufwärts oder von dem Farchengebirg hinabwärts der Hauptpostierung kommen könnte.
2. Feldpostierung auf dem Millrauth in der Jachenau, wodurch vorgebeugt wurde, daß der Feind nicht über Mittenwald in die Jachenau und folgends an die Isar durchbrechen könnte.
3. Feldpostierung auf der Lainer Alm, vom Ochsensitz her und
4. auf dem Graben gegen den Schranbach, dadurch dem Feind die Übersteigung über die Tiroler Grenze von der hintern Riss verwehrt wird. Im September 1703 haben Tiroler Bauern den Jachenauern von der Luitpoldalm einige Stück Vieh geraubt, die Jachenauer haben sie aber wieder zurückerobert . . .«
Die Aufstellung der Corporalschaften, gegliedert nach Orten, beginnt: »Specifikation der Kloster Benediktbeurischen Unterthaner-

nen, welche zu Defendirung obiger Posten, sowohl zu Pferd und zu Fuss, als auch in der Artoleriglia angeordnet sind und das gnädigst bewilligte Commißbrod genießen.«

»Commandant« ist der churfürstliche Rath und Kloster Benediktbeuerische Hofrichter Herr Joseph Bernhatt Wendtnschlegel und der Hauptmann zu Fuß des »H. H. Abts zu Benedictbeuern Kammerdiener und Hofschreiber« Lorenz Benedikt Vischhaber.

Und dann kommen Namen, die in dieser Gegend heute noch ein Begriff sind, wie die Oettl und Sindlhauser, die Heiss und Hainrici, die Oswald, Schretter, Jaudt und Sanctjohanser, März, Ädlwarth, Sachenbacher und Zwerger.

Außer den vier »Corporalschaften« für das Kloster und das Dorf Benediktbeuern sind noch weitere der Umgebung aufgezählt:

» . . . 5. Corporalschaft Bichl
6. Corporalschaft Steinbach
7. Corporalschaft Schönrain, Mürnsee usw.
8. Corporalschaft Heilbrunn
9. Corporalschaft Puech
10. Corporalschaft Nantesbuch
11. Corporalschaft Ried
12. Corporalschaft Kochel mit Ort und Pessenbach
13. Corporalschaft Kochel mit Walchensee und Zwergern
14. Corporalschaft Jachenau
15. Corporalschaft Jachenau mit Sachenbach und Altlach

Summa der zu Fuss angeordneten Benediktbeurischen Untertanen: von Hauptmann an 434 Mann
Summa der zu Pferd angeordneten von Hauptmann an 49 Mann
Summa der zur Artillerie angeordneten von Hauptmann an 14 Mann
Summa der Jäger und Schützen von Hauptmann an 10 Mann
Summa der Hausbedienten von Hauptmann an 13 Mann
Summa der ganzen Mannschaft ohne den Knechten und wehrhaften Leuten, so zu den Sturmkolben und Sensen verordnet 521 Mann.«

Das soll nur ein Beispiel, vergleichbar dem Aufgebot des Klosters Tegernsee oder irgendeines Landfahnen, sein. Die Landwehr ist im Grund gut organisiert, und in den Jahren 1702 bis 1704 werden Waffen, eine Menge Gewehre, verteilt.

Der Krieg kommt ins Land. Im August 1704 kommt es zwischen den französisch-bayerischen Truppen auf der einen Seite und den österreichisch-englischen Truppen auf der anderen Seite zur entscheidenden Schlacht bei Höchstädt. Die Schlacht geht für den bayerischen Kurfürsten verloren und mit ihr das Herzogtum Bayern.

Aber nun geschieht etwas Unfaßbares. Obwohl sich der Kurfürst längst nicht mehr recht um Altbayern gekümmert hat, kommt es zum Aufstand der Bauern. Sicher ist es nicht nur die eingewurzelte Anhänglichkeit an das Haus Wittelsbach, als vielmehr das Gewaltregiment der Kaiserlichen, die unerträgliche Steuerschraube, die Kontributionen und Quartierlasten. Den letzten Anstoß mögen die Zwangsaushebungen für ungarische und italienische Regimenter geben.

1705 kommt es zum Aufstand im Unterland, der zunächst Erfolg hat. Und dann folgt der Oberländer Bauernaufstand.

Einer der Anführer der Isarwinkler Schützen ist der berühmte Jäger von Fall. Oberjäger ist er und Adam Schöttl heißt er. Wie er ausgesehen hat, wissen wir durch ein Votivbild, das er wenige Jahre vorher der Mutter Gottes aus dem Heuwinkl bei Iffeldorf geopfert hat, zu einer Zeit, als die Kapelle noch gar nicht gestanden ist, denn er kniet mit seiner Frau vor einem Baum, in dem das Gnadenbild steht. Dieser Oberjäger Schöttl von Fall wird nun der Anführer der von Pater Meichelbeck so hoch gepriesenen »vorzüglich exercirten Tölzerschützen, welche auserlesene Schutzmannschaft kein Feind anzugreifen wagte«. Vor ihrem Auszug räumen sie die Rüstkammer von Hohenburg leer. Sie reicht zur Bewaffnung von 500 Mann.

Aber folgen wir hier einmal dem Isarwinkler Haushistoriker Professor Sepp.

». . . Schöttl zog als Hauptmann über ein halbes Tausend Isarwinkler-Feuerschützen aus. Bei der Bauernversammlung im Forst bei Längriß wurde nach dem Kochler Kalender der Schmied Balthes zum Anführer erwählt. Am 13. ertrotzten die Verschworenen vom Kloster Benediktbeuern ein paar Feldkanonen. Den 14. Dezember war Kriegsrath in Tölz, wobei Kapitän Gautthier der Abgesandte Ludwigs XIV. von Frankreich und die Offiziere Clanze, Aberle und Houys, erst in Max Emanuels Dienst, mit zugegen waren. Am 16. gaben der Jäger Adam von Fall, Oberkerschbräu Fiechtner, später Bürgermeister, und der Schwager des Jägerwirth, Michael Schande, der einen Weinschank im Krueghaus abseits von Gasteig eröffnet hatte, den aus München angekommenen Freunden in Königsdorf beim Postwirth Tisch sich Handschlag und Wort.
Die Marktskammer lieferte zum Auszug Proviant für hundert Gulden, doch das erfährt man erst aus einem Akte von 1710 . . .
Das Bergvolk sammelte sich auf der großen Wiese zu Schäftlarn zur Musterung, und sah sich durch den Zuzug der Benediktbeuerer einerseits verstärkt, während die von Valley und Dietramszell aus dem Nachtquartier zu Tanning am rechten Isarufer heranrückten . . .«
Was dann kommt, wissen wir alle.
Die aufrührerischen Bauern stehen vor den verschlossenen Toren von München, wild, unbändig, ohnmächtig und im Grund führerlos.
Ihr Angriff schlägt fehl. Die Bauern ziehen sich nach Sendling zurück. Aber folgen wir hier Johann Nepomuk Sepp, denn er weiß von der Gotzinger Trommel zu berichten.
». . . Inzwischen wurde das ganze Dorf von den Cusanischen Husaren umzingelt, die Bauern schossen aus den Häusern; jedoch Angesichts der feindlichen Uebermacht von 5000 Mann boten die Offiziere vom Bauernlager unter Hinaussendung eines Tambours mit der Gotzinger Trommel an, sich auf Gnade und Ungnade zu ergeben, wenn man nur das gemeine Volk schone! Aber nunmehr,

als die Bauernschaft die Vertheidigung aufgab, erfolgte der ärgste Verrath und die grausamste Mörderei, indem man sie wie eine Heerde Schafe niedermetzelte . . .«

Es ist ein Aufstand, eine Revolution, und daß die Bauern — wir dürfen sie in diesem Zusammenhang ruhig Gebirgsschützen nennen — ihr Vorgehen selbst als eine Revolution empfinden, beweist das große Votivbild, das die glücklich heimgekehrten Bauern auf den Kalvarienberg bei Lenggries tragen, zum Dank, daß sie gesund heimgekommen sind trotz » . . . der großen Gefahr, in welcher sie bey der Revolution vor München schwebten . . .«

Als der eigentliche Anführer der Schützen gilt bis heute der sagenhafte Schmied von Kochel, dem noch kein Historiker so recht auf die Spur gekommen ist. Aber, hat es ihn gegeben — hat es ihn nicht gegeben?! — Ist das so wichtig?! Ist er historische Wahrheit — ist er Legende? »Staaten leben von der Fähigkeit ihrer Völker, Legenden zu bilden . . .«, so hat einmal der Genealoge Adolf Roth im Zusammenhang mit dem Schmied von Kochel geschrieben. Und » . . . das bayerische Volk hat ein bemerkenswertes Talent, noch mitten im grellen Licht eines rationalistischen Zeitalters seine Geschichte als Legende zu erleben, zu überliefern und politisch wirksam zu machen. Dieses Talent ist ein Grund- und Eckstein bayerischen Staatswesens. Der Bauernaufstand von 1705, das, was davon und wie es im Herzen des Volkes hängengeblieben ist, ist ein Zeugnis für dieses Talent . . .«

Und ist es nicht eigenartig, vielleicht sogar typisch altbayerisch, daß sich diese Legende um eine Niederlage bildet?

Eines aber ist sicher und in diesem Zusammenhang wichtig. Mittelpunkt dieser bayerischen Haupt- und Staatslegende ist ein unbändiger Gebirgsschütz.

Wie allerdings die Gebirgsschützen in jenen Tagen wirklich gedacht haben, mag das kleine Bild in einer Handschrift der Staatsbibliothek zeigen. Im Vordergrund ein Bauernbursch, der auf das kurbayerische Wappen zeigt, im Hintergrund ein österreichischer Soldat, der auf einen Bauern einschlägt. Darunter steht:

»Ich Khlarwein sag wahr / es ist kein Zweiffl / wer nit ist Bayrisch / den holl der Deiffl / man hat mich geschlagn / wegen der trey / Khlarwein bleib bayrisch / last leben dabey.«
»Last leben dabey«: selbst zu so einer Zeit gilt in diesem Land das »Leben und leben lassen«; obwohl sich in jenen Wochen die Sterbebücher der Pfarreien mit den Namen der Toten füllen.
Es wird erst ruhiger im Land, als der Spanische Erbfolgekrieg 1714 mit dem Frieden von Utrecht zu Ende geht und Max Emanuel heimkehrt nach Bayern. Sicher, es kommt erneut zum Türkenkrieg, an dem auch Bayern beteiligt ist. Aber der Krieg ist wenigstens nicht mehr im eigenen Land. Spätestens mit dem Jahr 1718 wird es wieder ruhig für die Landfahnen und die Gebirgsschützen.

Von 1744—1799

1740 stirbt Kaiser Karl VI., und mit ihm erlischt die männliche Erbfolge im Haus Habsburg. Mit diesem Augenblick treten die Pragmatischen Sanktionen, ein Erbfolgegesetz, in Kraft, das den Kindern des Kaisers, auch den Töchtern, die Erbfolge sichert.
In München hat man nichts Eiligeres zu tun, als Anspruch auf die österreichischen Erblande zu erheben. Man kramt einen Ehevertrag aus dem Jahr 1546 aus und einen Testamentszusatz Kaiser Ferdinands I. von 1547, in dem Bayern angeblich die Erbfolge zusteht, wenn das Haus Habsburg im männlichen Stamm erlischt. Die Archivare der kaiserlichen Hofburg in Wien aber sind in der Lage, das Original dieses Testamentszusatzes zu präsentieren, in dem klipp und klar steht, daß eine bayerische Erbfolge erst beim Erlöschen der gesamten ehelichen Linie Kaiser Ferdinands in Frage kommt. Die Verbündeten Karl Albrechts sind Spanien, Frankreich, Preußen unter Friedrich dem Großen, Kursachsen sowie die wittelsbachische Verwandtschaft, die Kurfürsten von Köln und von der Pfalz.

So kommt es zur Anwartschaft auf die Kaiserkrone, zur Krönung und zum bitteren Ende. Seinem Land handelt der Kaiser und Kurfürst aber Lasten und Not ein. Wenige Tage nach der Kaiserwahl reiten österreichisch-kaiserliche Husaren in München ein, und die Jahre von 1742 bis 1745 sind uns als Pandurenjahre noch heute ein Begriff.

»... Bei Lenggries bewaffneten sich ungefähr tausend Bauern und warfen Verschanzungen auf. Major Trenck griff sie mit seinen Panduren an, die Bauern wehrten sich fünf Stunden lang mit verzweifelter Wuth, mußten sich aber, von allen Seiten umrungen, ergeben und eine hohe Kriegssteuer zahlen, 25 Bauern waren getötet worden. Feldmarschall Khevenhüller ließ auch den Landleuten die Waffen nehmen und bedrohte jede Ortschaft für den Fall eines Aufstandes mit dem Niederbrennen ...«

So können wir es in einer österreichischen historischen Arbeit lesen. Die Landfahnen sollen die bayerisch-tirolerische Grenze verteidigen. Schon am 18. Januar 1742 sind die wehrhaften Männer mit »Kugeln und Pixen« und Sensen in Tölz versammelt worden. Und nun kommt es im Isarwinkel nicht zur Ruhe. Am 19. März 1742 rückt Trenck mit seiner gefürchteten Truppe in Tölz ein. Plünderung ist an der Tagesordnung. Und der Hans Gering von Mühlberg führt die Isarwinkler Schützen gegen die Panduren. Aber das beschreibt der Isarwinkler Haushistoriker Johann Nepomuk Sepp sehr malerisch.

»... in der ... Schlucht des Zellerwaldes, wo an der Zwieselbrücke die eingrenzenden Hügel natürliche Schanzen und Verhaue bilden, legten sich die Bergschützen mit ihren Stutzen in den Hintergrund ... der Überfall der Schwedenzeit sollte sich am 13. April 1742 wiederholen. Die allseitig im Mühlberg eingetroffenen und von Gering verständigten Wildschützen glaubten ... Trenck vor sich zu haben – hatte doch der Pandurenoberst beim Herrn unter'm Thurm, dem Kaufmann Kyrein, eine Kutsche für seine Gesellschaftsdame ›zu leihen genommen‹. Ahnungslos bewegte sich die Truppe abwärts durch die Waldung nach der Zwie-

Gebirgsschützen-Kompanie
JACHENAU und WAAKIRCHEN
Schützen

selbrücke: mit einemmal krachte es wie auf Kommando und die nächsten Panduren purzelten von den Rossen. Der hohe Offizier und Begleiter der Maitresse, vermeintlich Trenck streckte seinen Degen zum Wagenfenster heraus und rief Pardon! Umsonst! Die Hahnbuben von Walleiten ließen ihn ins Gras beißen. Auch die Kriegskasse fiel den Bauern in die Hände und wurde in Eile nach Sachsenkam geschleppt. Da mehr Kriegsvolk nachkam, traten die Bauern den Rückzug an. Der letzte, der noch hinter einem Baum seinen Stutzen laden wollte, war der Heimgreiter zum Bacher an der Straße in Gaißachrain, als ein Nachbar ihm zurief: ›Bacher – geh weiter!‹ Das Trenckische Freikorps nahm Hals über Kopf Reißaus in der Richtung nach Wolfratshausen ...«

Als Friedrich der Große mit Maria Theresia erneut einen Krieg um Schlesien anfängt, kriegt man in Bayern auch wieder etwas Luft, und im Oktober 1744 kann Karl Albrecht umjubelt in seiner Residenzstadt München einziehen. Aber er war eigentlich nur gekommen, um zu sterben; fast auf den Tag drei Monate später schließt er seine Augen in Nymphenburg.

Es ist überliefert, daß oberbayerische Landfahnen in jenen Jahren neben aktiven Truppen eingesetzt sind, daß sie 1743 an der Einnahme von Rosenheim beteiligt sind und daß Chiemgauer die Mauern von Reichenhall überrennen und die Besatzung überwältigen. Um bei Reichenhall zu bleiben: Aus dem Todesjahr des Kaisers, 1745, ist ein Buch erhalten, geziert mit dem Wappen des Kurfürsten und dem der Stadt: »Reichenhallische und nach dem Münchnerischen Fueß aufgerichtete Schützenordnung, abschrieben 1745 ... welche in Kundt und zu wissen sey jedermeniglich, daß ain Wohlernvest, Hochwollvornemb, fürsichtig und wohlweißer Rath, der allhiesig churfürstl. Stadt Reichenhall wegen Erhaltung von Fried und Einigkeit, und damit zwytracht und wider willen vermittlet: Und guette Ordnung angericht werd, auch fürnemblich weg Vermehrung deß Ehrlichen und löblichen Kurzweil-Schüeßens denen Pixenschitzen und Pixengsölln alhier nachvolgende Sätz und Ordnung, die sye gleichwoll zum Thaill ehevor von altersher auch gehabt: corrigirt, gebessert und gemehrt gegeben, Ernstlich befelchend, daß der verordnete Oberschützenmaister sambt den andern mit Consorten, die eingesonnte Schützengesöllschaft, solche aus gemainen Schützen aufzunehmen berechtigt, stark darob sein sollen, damit denselben allenthalben fleißigist nachgelöbt und Keiner yberschritten, auch die Ungehorsambe nach Befundt der sachen, gebürent abgestrafftwerden.«

Das ist die Einleitung zur Schützenordnung. Und so eine Schützengesellschaft in Reichenhall hat ja auch keine andere Aufgabe, als Schützen für die Landfahnen auszubilden, und sie ist ohne Zweifel der Vorläufer der Gebirgsschützenkompanie.

Achtzehn Jahre ist Max III. Joseph alt, als er Kurfürst von Bayern wird, und wenige Monate später muß er, im Sonderfrieden von Füssen, die hochfliegenden Pläne seines Vaters liquidieren.

Unter dem letzten Wittelsbacher der altbayerischen Linie erlebt Bayern noch glückliche Jahre. Als er 1777 stirbt, ist er erst 53 Jahre alt. Auch unter seinem Nachfolger Karl Theodor bleibt es für die Landfahnen ruhig. Man braucht sie gottlob nicht. 1799 stirbt der Kurfürst, und am 20. Februar 1799 hält Bayerns neuer Kurfürst Max IV. Joseph in München Einzug.

Als Max Joseph Kurfürst wird, ahnt noch niemand, daß dieser Kurfürst sechs Jahre später der erste König von Bayern sein wird. Ihm und seinem Volk stehen unruhige und bittere Zeiten bevor, aber niemand will noch so recht daran glauben.

Sicher, drüben in Frankreich hat es blutige Revolutionen gegeben, und Napoleon schlägt sich gerade in Ägypten.

Aber nun kommt es zum zweiten Koalitionskrieg gegen Frankreich. Auf die Initiative Englands hin verbünden sich England und Rußland, Österreich und Neapel, Portugal und die Türkei gegen die Franzosen. Noch bleibt das Land Bayern halbwegs verschont. Man schreibt das Jahr 1800. Wieder ist Krieg. Napoleon siegt bei Marengo. Das bayerisch-österreichische Heer unter Erzherzog Karl wird von Moreau bei Hohenlinden geschlagen.

Von 1805—1809

1805 — es kommt erneut zum Krieg zwischen Österreich und Frankreich. Bayern will in dieser Auseinandersetzung neutral bleiben, aber es wird überrollt und steht nun auf der Seite der Franzosen.
Die bayerisch-tirolische Grenze ist offen, und man erinnert sich wieder der Gebirgsschützen. Im Gegensatz zu früher aber bringt das Jahr 1805 zum erstenmal eine militärische, zumindest eine militärähnliche Organisation.
Dieses Organisationsstatut vom 17. Oktober 1805 beginnt mit einem Aufruf.

»Organisation eines Corps baierischer Gebirgsschützen.

1. Aufruf.

Treue Bewohner der baierischen Gebirge!
Ihr wisst wie der Churfürst gezwungen worden ist, sich gegen den ungerechten Angriff Österreichs mit den Waffen zu vertheidigen, und seine Truppen mit den französischen zu vereinigen. In dieser Lage muss Alles zusammenhelfen, um den Feind aus dem Vaterland zu vertreiben.
Schon sammelt sich der Tiroler Landsturm, um euch in den friedlichen Gebirgen zu überfallen, eure Häuser zu plündern, euer Vieh wegzutreiben und eure Weiber und Töchter zu mißhandeln.
Dieser Überfall muß abgehalten und wenn er erscheint, so zurückgetrieben werden, daß sie bereuen müssen, eure Grenzen betreten zu haben. Man wird euch mit Mannschaft unterstützen.

Aber ihr selbst seyd am ersten im Stande, euch zu vertheidigen. Ihr kennt die Wege und Stege, ihr seyd treffliche Schützen, ihr seyd herzhafte, brave Männer.
Sammelt euch also unter euren Rotten, unter euren Hauptmannschaften! Erfahrene Führer stellen sich an eure Spitze!
Ergreifet die Waffen! Euer Vaterland wird bald ganz befreyet sein.

2. Organisations-Statut.

§ 1.

Da die Gebirge durch die gewöhnlichen Linientruppen nicht so gut vertheidigt werden können, als es die Bewohner als gleichsam gebohrene Schützen selbst zu thun im Stande sind, so wird aus den Landgerichten Fischbach, Aybling, Miesbach, Tölz, Weilheim, Schongau und Wertenfels ein eigenes Corps Gebirgsschützen zur Vertheidigung der Gränzen und Pässe, besonders gegen den bereits in Bewegung gesetzten Tyroler Landsturm aufgestellt.

§ 2.

Dieses Corps Gebirgsschützen besteht zur Zeit aus zwey Abtheilungen, nach den zwey Forstinspektionen Miesbach und Wertenfels. Jede Abtheilung besteht aus 1000 Mann zu Fuß und 25 zu Pferde. Diese 2050 Mann sind in beständigem Dienste, können aber nach Umständen wochenweise von anderen abgelöst werden.
Jede Abtheilung von 1025 Mann hat eine Reserve von 2050 Mann, so daß gegenwärtig das ganze Corps aus 6000 Mann zu Fuß und 150 zu Pferde besteht.
Nach Umständen kann jede Abtheilung noch vermehrt werden. Die Reserven werden noch nicht zusammen gezogen, sondern bleiben in ihren Wohnungen bis sie aufgebothen werden, erhalten auch bis dahin keine Löhnung.

§ 3.

Die Bewaffnung, welche jeder selbst mit sich bringt, besteht aus 1 Stutzen und 1 Säbel. Wenn sich die Gebirgsschützen nicht selbst freiwillig auf eine Uniformierung einverstehen, so behält jeder seine gewöhnliche Kleidung und zeichnet sich nur durch eine weiße und blaue Hutmasche aus.
Für die Beyschaffung und Fütterung der Pferde hat jeder selbst zu sorgen.
Der gemeine Schütze erhält täglich 12 Kreutzer, ein Unter-Rottmeister 18 Kreutzer, ein Ober-Rottmeister 24 Kreutzer. Ein Schütze zu Pferde bekommt täglich 45 Kr., der Unter-Rottmeister 1 Fl. und der Ober-Rottmeister 1 Fl. 12 Kr. Die Oberoffiziere empfangen ihren Verdiensten und Kosten angemessene Gratifikationen. Die Bezahlung leisten einstweilen von 5 zu 5 Tagen die einschlägigen churfürstlichen Rentämter vorschußweise. Ueber die Art des Ersatzes wird weitere Entschließung erfolgen.

§ 4.

Zu diesem Corps werden Freywillige angenommen, die übrigen von den betreffenden Landgerichten durch das Los ausgewählt.

§ 5.

Jede Abtheilung wird in Rotten eingetheilt. Eine Rotte besteht aus 50 Schützen, einem Ober- und einem Unter-Rottmeister, welche Letztere des Lesens und Schreibens kündig seyn müssen. Vier Rotten gehören zu einer Hauptmannschaft, der ein kurfürstl. Oberförster vorsteht, und die ganze Abtheilung kommandiert der Forstinspektor, dem ein erfahrener Offizier beygegeben wird.

§ 6.

Bei allenfalls vorfallenden Excessen ist Arrest die gewöhnliche Strafe, und nach Umständen wird der Excedent auch an das Landgericht zur weiteren Bestrafung abgeliefert.

Diejenigen hingegen, die sich durch besondere Tapferkeit, Geschicklichkeit und gute Conduite hervorthun, haben sich angemessene Belohnungen, ehrenvolle Auszeichnung zu versprechen. Der Familie, deren Hausvater in diesem Dienste für das Vaterland fallen sollte, wird besondere Unterstützung zugesichert.

§ 7.

Ueber alle Vorfälle werden die Rapporte von dem Ober-Rottmeister an den Hauptmann, und von diesem an den die Abtheilung kommandierenden Forstinspektor gemacht, welcher sodann den Rapport an das kurfürstl. Armee-Kommando in das Hauptquartier des Generallieutenants von Deroy, oder an denjenigen Brigade-General macht, an welchem er angewiesen wird. Die berittenen Schützen sind zur Verbindung des Rapports und Ordres zu gebrauchen.

München 17. Oktober 1805.

Kurfürstliches General-Commissariat in Baiern.

Freyherr von Weichs, Präsident von Schmöger.«

Man war, was die Tracht, die Kleider oder — wenn man so will — die Uniform betrifft, um einiges vorsichtiger als zu Zeiten des Kurfürsten Maximilian I. und begnügte sich im Notfall mit einer weißblauen Hutmasche.

Keine drei Wochen nach der Unterzeichnung der »Organisation eines Corps baierischer Gebirgsschützen« wird unter dem 6. November 1805 beschlossen, die »Gebirgsschützen-Institution« auf die Grenzdistrikte von Schwarzbach, Reichenhall, Inzell und Traunstein, bis Reit im Winkel, bis Kufstein auszudehnen. Damit ist eine dritte Abteilung aufgestellt. Kommandiert wird sie von dem Bergverweser Rainer, der den Rang eines Majors erhält.

Das Oberkommando über die gesamten Gebirgsschützen wird dem kurfürstlichen Oberstleutnant von Zoller übertragen.

Die Gebirgsschützen sollen nicht in das »feindliche« Tirol einfallen, für sie gilt nicht die Devise, daß der Hieb die beste Parade ist — sie sollen die Grenzen verteidigen und das Eigentum ihrer Landsleute schützen. Folgerichtig wird bestimmt, daß die Operationen des Gebirgsschützen-Corps defensiv zu sein haben. Es gibt nur eine Ausnahme. Wenn nämlich Tiroler Schützen einen Einfall vorbereiten, dürfen bayerische Gebirgsschützen offensiv werden, sozusagen einen Präventivschlag führen. Offensiv muß vorgegangen werden, wenn ein Armeebefehl es verlangt. Für den Fall, daß ein bayerischer Gebirgsschütz einen Tiroler Schützen gefangennimmt, ist der Lohn genau geregelt.

»... Wer einen feindlichen Schützen mit voller Bewehrung seinem Kommando einliefert, erhält eine Belohnung von 2 und jeder, der einen solchen ohne Bewehrung fängt, eine Belohnung von 1 Dukaten ...«

Die drei neuaufgestellten Gebirgsschützenabteilungen, kommandiert von tüchtigen Offizieren und bewährten, erprobten Schützen, besetzen die Grenze, und allein ihre Existenz scheint die Tiroler daran zu hindern, in Bayern einzufallen.

Lange aber existiert dieses Gebirgsschützen-Corps nicht. Am 26. Dezember 1805 wird der Friede von Preßburg unterzeichnet, das Corps wieder aufgelöst und die Schützen können heimkehren auf ihre Höfe.

Im Jahre 1809 — nachdem Tirol inzwischen bayrisch geworden, der Krieg zwischen Österreich und Frankreich von neuem aufgeflammt und in Tirol, das in jenen Jahren zu Bayern gehört, ein Aufstand ausgebrochen war — wird das Gebirgsschützen-Corps von neuem errichtet. Vorbild ist das Muster von 1805.

Im Jahre 1809 ist das Königreich Bayern nach französischem Vorbild in Departements, in Kreise, eingeteilt, und am 7. Mai ergeht an die General-Kommissariate des Isar-, Iller- und Salzachkreises ein Erlaß über die Errichtung eines Gebirgsschützenkorps, in dem es heißt: »... da Unsere von feindlichen Emissärs irregeführten Untertanen des Inn-, Eisack- und zum Teil des Illerkreises sich nicht mehr damit begnügen, ihre Untertanenspflicht mit Füssen zu treten, Unseren treuen Beamten den Gehorsam zu versagen und dem Feind Unseres Reiches anzuhängen, sogar gleich wilden Räuberhorden Unsere ruhigen und getreuen Untertanen der angrenzenden Kreise überfallen, mißhandeln und ihres Eigentums berauben, so sahen wir Uns gezwungen, bis zu jenem Zeitpunkt, in welchem Unsere und Unseres erhabenen Bundesgenossen Truppen die Ruhe in diesen aufrührerischen Gegenden hergestellt haben, gleichwohl alle Uns zu Gebot stehenden Mittel zu ergreifen, Unsere getreuen Untertanen des Salzach-, Isar- und Illerkreises zu beschützen. Wir werden daher eine Anzahl Unserer disponiblen Truppen, vereint mit einem freiwilligen Jägerkorps, zu diesem Zwecke allenthalben an den Grenzen der aufrührerischen Bezirke zum Beistand der bedrohten Gegenden verteilen, und werden der Nationalgarde, deren Errichtung Wir unterm 6. v. Mts. angeordnet haben, eine gleiche Bestimmung geben. Damit aber diese Truppen in dem Dienste, welcher in den Gebirgsgegenden seine eigenen Beschwerden hat, auf eine zweckmässige Art unterstützen werden, wollen Wir dem laut geäusserten Wunsche der altbayerischen Gebirgsbewohner entsprechen, und denselben gestatten, zum Schutze ihres friedlichen Herdes selbst zu den Waffen zu greifen, und wo es die Not erfordert, den Kampf gegen Verräter des Vaterlandes und heimtückische Meuterer zu bestehen . . .«

Dieses wiedererrichtete Gebirgsschützen-Corps soll also erneut die Grenze und die Pässe nach Tirol schützen. Es gliedert sich in drei Abteilungen — Divisionen hat man sie auch genannt — zu je 500 und 1000 Mann. Zusammen mit den Reserven zählt das Gebirgsschützen-Corps — auch Bergschützen-Corps genannt — später an die 7500 Mann.

Die erste Abteilung rekrutiert sich aus den Landgerichten Reichenhall, Traunstein und Trostberg, Kommandant ist der Forstinspektor von Traunstein. Die zweite Division, unter Leitung des Forstinspektors Schmid von Miesbach, umfaßt die Landgerichte Rosenheim, Miesbach, Tölz und Wolfratshausen; die dritte Divi-

Gebirgsschützen-Kompanie
TÖLZ
Tambours

sion unter ihrem Kommandanten Forstinspektor Balbier von Garmisch umfaßt die Gerichte Werdenfels, Weilheim und Schongau.

Das Kommando des Gebirgsschützen-Corps wird vom König dem Obersten Maximilian Graf Arco übertragen, der auf jedes Gehalt und alle Gage verzichtet.

Im Heft 14 der Darstellungen aus der bayerischen Kriegs- und Heeresgeschichte, herausgegeben durch das bayerische Kriegsarchiv, werden die Ereignisse dieser Zeit geschildert:

»... Vom Gebirgsschützen-Corps waren am 14. Mai versammelt: von der 2. Division 633 bewaffnete Leute in Miesbach und Tölz, von der 3. Division, welche Hauptmann Baur in Diessen aufstellte, 314 Mann. Allein es fehlte an Waffen, um das auf 2000 Köpfe anwachsende Bergschützen-Corps auszurüsten. Daher wurden dem Grafen Arco 1200 Gewehre alter Art mit 60000 Patronen und 4000 Feuersteinen überwiesen. Am 14. erhielt Arco auch die Chefs und Hauptleute für die 2. und 3. Division benannt: Die 2. Division führte Forstinspektor Schmid von Miesbach mit den Hauptleuten Oberförster von Erdt aus München, Oberförster Dach aus Tegernsee und Förster Moosmiller von der Riss, für die 3. Division war als Chef der Forstinspektor Balbier von Garmisch mit den Hauptleuten Oberförster von Heldenberg aus Starnberg und den Förstern Ehrenthaler von Beuerberg und Wolfram von Diessen bestimmt, doch scheint diese Division stets Oberförster von Heldenberg geführt zu haben.

Wenn auch eine Neubildung nicht zustande kam, sei doch ... das Angebot des Personals des Straßen-, Brücken- und Wasserbaues, ein eigenes Sappenskorps zu bilden, mitangeführt ...«

Uns sollen in diesem Zusammenhang natürlich nur die Abschnitte interessieren, die sich auf die Gebirgsschützen beziehen.

»... Oberst Graf Arco, dem neben regulären Truppen die Führung über Gebirgsschützen übertragen war, hatte am 14. Mai mit seiner Ankunft in Tölz das Kommando über die Truppen des Grafen Seyssel ... und die bereits versammelten Gebirgsschützen

übernommen. Die Posten der 2. Division Gebirgsschützen standen in Tölz, Benediktbeuern, Lenggries, Kreuth, Fischhausen, Bayrischzell und Miesbach.
Die günstigen Nachrichten über die Vorrückung der 2. und 3. Division in Tirol – die Unterwerfung, welche die Einwohner von Thiersee, Landl und dem Achentale bei Arco ankündigten, die Ruhe, die seit dem Einmarsche längs des Gebirges herrschte, bestimmten Graf Arco, in möglichster Eile mit einem Teil seiner Kräfte vor die Scharnitz zu rücken, sich dieses Postens zu bemächtigen und womöglich über Seefeld Anschluss an die Armee zu suchen ...«
Am 18. Mai versammelte der Graf alle verfügbaren Truppen aus dem Raum Miesbach und Tölz in Benediktbeuern, Linientruppen sowohl als Gebirgsschützen. Er läßt durch Kavallerie Wagen und Pferde requirieren und setzt sich gegen Mittenwald in Marsch. Es ist keine große Kolonne, die sich am Abend in Richtung Mittenwald auf den Weg macht: eine halbe Kompanie des Hauptmanns von Lüneschloß vom Linien-Infanterie-Leibregiment, dazu hundert Gebirgsschützen unter dem Kommando des Oberförsters Dach, zwanzig Mann Münchner Schützen unter dem Hauptmann Jehle, dazu achtzig Reiter. Die steile Straße über den Kesselberg, dem Walchensee entlang, ist hinauf nach Wallgau so schlecht, daß er den Plan, nach einem Gewaltmarsch noch vor Tagesanbruch im Handstreich die Scharnitz zu nehmen, aufgeben muß, denn beim ersten Tageslicht steht die Kolonne erst vor Mittenwald.
Der Ort ist von Tiroler Insurgenten besetzt, und die bayerischen Infanteristen und Gebirgsschützen gehen gegen den Ort vor. Aber folgen wir hier wieder der Veröffentlichung des bayerischen Kriegsarchivs.
»... Hauptmann Baur ging mit einem Teile der Infanterie und der Schützen bei Husselmühle über die Isar und versuchte, sich der südlich des Marktes befindlichen Brücke zu bemächtigen. Kaum aber war er halbwegs angelangt, als im Orte selbst durch

das Eindringen des Hauptmanns Lüneschloß und des Bürgermilitärs die Plänkeleien begannen. Nach Verlust einiger Gefangener zogen sich die Insurgenten zurück. Die Truppe nahm teils im Orte, teils südlich davon Aufstellung. Parlamentäre gingen mit der Aufforderung zur Uebergabe gegen die Scharnitz vor. Ehe aber das Ergebnis der Unterhandlung eintraf, hatte die Truppe beständig das Feuer der Aufständischen von den Bergen herab auszuhalten, weshalb Arco sich nach Mittenwald zurückzog und zur Verteidigung einrichtete. Hier gedachte er auch die Ankunft seines Gros, 300 Mann Infanterie und 250 Miesbacher Schützen unter Major Hammel abzuwarten. Die Insurgenten stellten nach dem Rückzug der Bayern das Feuer ein. Unterdessen langten bei Arco Parlamentäre aus der Scharnitz ein, erbaten drei Stunden Bedenkzeit und schienen zur Unterwerfung bereit. Ihnen folgten bald andere, die von den Schwierigkeiten sprachen, die Volksmasse zu beruhigen und deshalb Verlängerung der Frist wünschten. Auch hier gab Arco nach. In der Zwischenzeit hatten sich jedoch die Aufrührer aus der Leutasch und der Scharnitz bis an den Fuß des Gebirges herangeschlichen; kaum verließen ihre Unterhändler die Vorpostenkette, so eröffneten sie selbst von allen Seiten das Feuer auf die Bayern. Zuerst wich die in den Straßen haltende Kavallerie aus dem Markte ... dann mußte auch die Infanterie ... weichen und Mittenwald verlassen. Dem Obersten Graf Arco wurde dabei das Pferd unter dem Leibe erschossen, er bestieg das seines Reitknechtes und ritt mit der Kavallerie gegen den Walchensee zurück. Die Hauptleute Baur und Lüneschloss waren gezwungen, sich an der Husselmühle und besonders an der Talenge bei der Seinsbrücke durchzuschlagen, dort das rechte Isarufer zu gewinnen und sich nach einem ebenso beschwerlichen, als langen Marsche am 20. über Oswaldhütte nach Fall und tags darauf nach Lenggries, auf Wagen nach Benediktbeuern zurückzuziehen. Hier vereinigte sich das Detachement nach einem Verlust von drei Toten und einigen Verwundeten wieder mit dem Korps ...«

Das Gros, das diesem Gefecht eine günstigere Wendung hätte geben können, war nicht rechtzeitig eingetroffen. Im übrigen hat sich Arco durch dieses Unternehmen die Ungnade des Königs und einen Rüffler Seiner Majestät zugezogen, denn die Gebirgsschützen seien defensiv und nicht offensiv einzusetzen. Und Arco verwahrte sich energisch in ausführlichen Berichten gegen die Vorwürfe seines Landesherrn.
Arco liegt in Benediktbeuern, läßt Vorposten in Richtung Kochel aufziehen und auf die umliegenden Berge. Den vorhin erwähnten Major Hammel ernennt er zum Kommandanten von Tölz und Umgebung und legt dorthin zwei Kompanien Gebirgsschützen. Den Hauptmann Graf Keith schickt er mit einer schwachen Kompanie Linieninfanterie zur Sicherung nach Miesbach. Im Inntal gehen reguläre bayerische Truppen gegen die aufständischen Bauern vor. Die rebellierenden Tiroler weichen in die Seitentäler zurück.
Im Raum von Partenkirchen stehen fünfhundert Gebirgsschützen, hundert Mann Infanterie und vierzig Reiter unter dem Kommando des Oberförsters von Heldenberg. Und von hier aus schickt man immer wieder Patrouillen in Richtung Mittenwald. Am 21. Mai 1809 sprengt ein reitender Gebirgsschütz in Benediktbeuern vor das Quartier des Grafen Arco mit der Meldung, daß Mittenwald, wohl unter dem Eindruck der Erfolge bayerischer Truppen in Tirol geräumt sei und daß die Insurgenten auch Scharnitz nur mit schwachen Kräften besetzt hätten.
Oberst Graf Arco entschließt sich erneut, in Richtung auf Mittenwald vorzurücken, diesmal aber mit dem ganzen Korps. Er besetzt Mittenwald, reitet mit seiner geringen Kavallerie in die Scharnitz vor, findet sie von den Aufständischen geräumt und pflanzt ungehindert das bayerische Panier auf der verlassenen Grenzbefestigung auf. Die Gebirgsschützen besetzen die Leutasch und Seefeld, es gelingt, Verbindung aufzunehmen mit den bayerischen Truppen in Innsbruck. Die Befestigungsanlagen in der Scharnitz und Leutasch werden zerstört.

Nachdem die Division Wrede aus Innsbruck abgezogen ist und lediglich die Division Deroy mit ihren schwachen Kräften im Land bleibt, bricht der Aufstand erneut aus, und bayerische Soldaten befinden sich auf dem Rückzug in Richtung Kufstein. Oben in der Leutasch, in Seefeld erfahren bayerische Gebirgsschützen von all dem wenig. Zunächst sickern einige Gerüchte durch – wie berechtigt sie waren, sollte man allerdings bald erfahren. Denn den Tiroler Bauern ist der Kamm geschwollen, und wenn sie schon eine bayerische Division zum Rückzug zwingen können, dann sollten die Bayern oben in der Leutasch und in Scharnitz auch dran glauben.
Am 29. Mai reißen – wie seit Tagen – Soldaten und Gebirgsschützen Befestigungsanlagen in der Leutasch und in Scharnitz nieder – da werden sie von aufständischen Tiroler Bauern angegriffen. Arco läßt sofort die Hälfte seines kleinen Korps mit einem Geschütz gegen den Paß vorrücken. Nach einigen Schüssen gehen die Bauern zurück. Kavallerie verfolgt sie beritten und abgesessen bis in das hintere Isartal.
Einen Tag später rücken dreihundert bayerische Infanteristen gegen die Verschanzungen in der Leutasch vor. Zugleich bedrohen 80 Gebirgsschützen unter dem Hauptmann Jehle von den Bergen herunter die rechte Flanke der Tiroler. Der Unterleutnant von Rieger und ein Gebirgsschütze fallen; ein Mann wird verwundet. Geschütz ist keines zur Hand, und so unterbleibt der Sturm auf die zum Teil zerstörte, aber stark befestigte Schanze.
Die bayerischen Soldaten und Schützen beziehen in Mittenwald Stellung. Es kommt zu wiederholten Plänkeleien mit Tirolern. Sie mehren sich so auffällig, daß man mit einem baldigen Angriff rechnen muß. Und am 2. Juni ist es dann auch soweit. Um 6 Uhr früh gehen die Tiroler Schützen mit Übermacht gegen die Stellungen Arcos vor. Es gelingt, die Angreifer bis in die Scharnitz zurückzudrängen. Das Gefecht scheint schon zu Ende – da greifen die Tiroler von der Leutasch her an. Für den Obersten Arco und sein Korps soll dieser 2. Juni 1809 ein schwarzer Tag werden.

Es kommt zu heftigen Kämpfen. Die Übermacht der Tiroler — man spricht von 5000—6000 Mann — ist zu erdrückend, und nur unter großen Anstrengungen gelingt es, sich mit Anstand aus Mittenwald zurückzuziehen. Arco schickt eine Abteilung seitwärts auf die Höhen, um sich die Flanke abzusichern, aber diese Abteilung verirrt sich und gerät in das Feuer gutgetarnter Insurgenten. Bei einem Pulverwagen bricht die Deichsel; Soldaten und Gebirgsschützen ziehen ihn, damit er nicht in Feindeshand fällt, aber dann muß er doch mit einer brennenden Lunte in die Luft gejagt werden. Unter Verlusten schlagen sich Soldaten und Gebirgsschützen nach Norden durch. Erst in Wallgau können sie sich unbehelligt sammeln. Von hier aus setzen sie ihren Rückzug, vom Gegner ungehindert, in Richtung Benediktbeuern fort. Eine Kompanie bleibt am Kesselberg auf Vorposten. Dieser Tag allein kostet das kleine Korps 6 Gefallene und 30 Verwundete. Die Verluste des Korps Arco in allen diesen Gefechten betragen 8 Tote, 33 Verwundete, 82 Gefangene und 43 Vermißte. Der Anteil der Gebirgsschützen beträgt einen Toten, drei Verwundete und vier Gefangene.

Am gleichen Tag, also am 2. Juni, werden die Gebirgsschützen des Oberförsters von Heldenberg von den Tirolern aus Partenkirchen gedrängt. Im Lauf der nächsten Tage müssen sie Murnau räumen, am Ende sogar noch Weilheim.

Aber es scheint weniger der patriotische Sinn zu sein, der die Tiroler so weit vorprellen läßt. Es ist vielmehr die Aussicht auf Beute, auf Vieh nämlich, denn es geht die glaubwürdige Überlieferung (übrigens auch unter Tiroler Historikern), daß Vintschgauer Viehschmuser die Haupttreiber gewesen seien. Und nicht von ungefähr ist in jenen Tagen ein Wort in aller Munde: »Tiroler-Küahholer«.

Aber die Tiroler können auch Murnau nicht halten und müssen sich vor den bayerischen Soldaten und den Gebirgsschützen zurückziehen, und der Markt ist frei, als die 3. Division des Generals von Deroy anrückt. Das Selbstbewußtsein der Gebirgs-

schützen muß in jenen Tagen schon recht ausgeprägt sein, denn es kommt zu Reibereien mit den Militärs. Läßt sich ein königlich bayerischer Soldat von einem Gebirgsschützenhauptmann nichts befehlen — so läßt sich ein Gebirgsschütz von einem königlich bayerischen Offizier schon durchaus gar nichts sagen. Da beschweren sich die Miesbacher Gebirgsschützen mit Nachdruck, daß sie entgegen den Bestimmungen nach Benediktbeuern kommandiert werden, obwohl ihr eigenes Gebiet von aufständischen Tirolern gefährdet ist.
Und der Oberst Graf Arco, ergrimmt über die renitenten Gebirgsschützen, bittet schon am 3. Juni 1809 um die Auflösung des Gebirgsschützenkorps, weil

»... die Gebirgsschützen durch ihr Verhältnis mit den administrativen Stellen äußerst undisciplinierte, nicht in Ordnung zu bringende und dem Staat sowohl als dem Lande durch den hohen Sold höchst beschwerliche Menschen seien ...«

Als dann Arco bei seinem Abmarsch in Wolfratshausen sein schwaches Corps verstärken will und deshalb die Tegernseer Gebirgsschützen zu sich beruft — pfeifen sie dem Herrn Obersten kurzerhand was ... Mit den Schützen von Weilheim ist es das gleiche. Sie sind nur bereit, ihre unmittelbare Heimat zu verteidigen — alles andere geht sie nichts an, ist ihnen auf gut bayerisch »wurscht«.

Da entschließt sich die Obrigkeit unter dem 10. Juni 1809, die Leitung des Gebirgsschützenkorps von den Forstinspektoren auf die jeweiligen Landrichter zu übertragen, die sich mit den Militär-Kommandanten ihrer Bezirke wegen der Verteidigung der Grenzen abstimmen müssen. Die Einteilung in drei Divisionen fällt weg. Die Löhnung der Gebirgsschützen erfolgt nicht mehr durch die Rentämter, für die Verpflegung haben die Gemeinden ihres Landgerichts zu sorgen.

Dieser Erlaß betont mit Nachdruck den rein bürgerlichen Charakter dieses Gebirgsschützen-Korps, und damit sind alle Bitten und alle Klagen des Grafen Arco erledigt.

Arco muß in den folgenden Wochen die Dienste der Gebirgsschützen zwar noch einigemal in Anspruch nehmen, aber trotz aller Reibereien kann die bayerische Heeresgeschichte schreiben, es ». . . sei zu ihrem Ruhme erwählt, daß sie bis zuletzt in den gefahrvollsten Abschnitten des Feldzuges 1809 ihre Pflicht treulich taten und dem Vaterlande vorzügliche Dienste leisteten . . .« ». . . Abgesehen von den geschilderten Reibungen hatte der bekannte Erlaß vom 23. Mai, der das ohne Erlaubnis beim Gebirgsschützen-Korps eingetretene Forstpersonal bei Strafe der Dienstentlassung in seine amtlichen Stellungen zurückrief, auch bei jenem und zwar besonders bei der dritten Division Heldenberg seine Wirkung nicht verfehlt. Fanden doch die Bestimmungen auf den Oberförster von Heldenberg selbst, sowie auf verschiedene Förster und Jäger der Ämter Starnberg, Murnau, Mittenwald und Pflugdorf Anwendung. Die Abberufung dieses nicht in Offiziersstellen befindlichen Personals zu Ende Mai bedeutete für Arco die Auflösung der ganzen 3. Abteilung. Die meisten Forstleute verließen sie, Heldenberg hatte am 11. Juni noch 52 Feuergewehre und am 14. gar nur noch 36 Mann bei seiner Division . . . Heldenberg begab sich auf seinen Posten in Starnberg . . . Der Erlass vom 23. Mai aber war . . . durch die Errichtung des freiwilligen Jägerkorps veranlaßt . . .«

In diesen Tagen bleibt es, abgesehen von Zusammenstößen mit Patrouillen und Insurgenten im Gebiet des Walchensees, ziemlich ruhig. Im gesamten bayerisch-tirolerischen Grenzgebiet liegen reguläre bayerische Truppen. Aber als die Truppen Deroys erneut im Inntal eingesetzt und abberufen werden, liegt die Last des Grenzschutzes wieder beim Korps des Grafen Arco. Er erhält auf wiederholtes Drängen eine Kanone und eine Haubitze, dazu Ergänzungsmannschaften für die Kompanien des 2. leichten Bataillons in Rottach und des 6. leichten Bataillons in Murnau.

Gebirgsschützen-Kompanie
LENGGRIES
Schützen

»... Er nahm folgende Aufstellung: Die Kompagnie des 2. leichten Bataillons nebst Gebirgsschützen in Rottach am Tegernsee mit Posten gegen Kreuth, die Kompagnie des 1. leichten Bataillons in Tölz mit einem Offiziersposten in Lenggries und Posten gegen Fall und die Jachenau, unterstützt von 70 Gebirgsschützen in Lenggries, eine Kompagnie des Reserve-Bataillons 1, die Kompagnie des 4. leichten Bataillons, 40 Gebirgsschützen, 20 Mann des 1. Dragonerregiments, ein Geschütz, sämtlich unter dem Hauptmann von Lüneschloss in Kochel, eine Kompagnie des Reserve-Bataillons 1 ... mit 16 Mann, des 1. Dragoner-Regiments in Habach, die Kompagnien des 3., 5. und 6. leichten Bataillons, 40 Mann des 2. und 3. Chevaulegers-Regiments, ein Geschütz unter dem Hauptmann Baur in Murnau, zwei Kompagnien des Reserve-Bataillons 1, 104 Kavalleristen, eine Haubitze, ein Sechspfünder als Hauptreserve unter Arco selbst in Benediktbeuern ...«
Mit diesen mageren Kräften soll der Oberst die Grenze von Lech im Westen, wo französische Truppen in Schongau liegen, bis zum bayerischen Freiwilligen Jäger-Korps im Osten, an der Grenze zum Landgericht Rosenheim, schützen. Aus der Aufstellung seiner Kräfte geht eigentlich schon hervor, daß die Gebirgsschützen nur mehr eine untergeordnete Rolle spielen.

Der Einsatz der Gebirgsschützen beschränkt sich natürlich nicht nur auf den Abschnitt des Grafen Arco. Vom Landgericht Rosenheim, also ungefähr vom Inn ab bis hinüber zur Saalach, liegt das ebenso spärliche Korps des Obersten von Oberndorff. Nachdem die Division Deroy abgerückt ist, um in Tirol eingesetzt zu werden, liegt die Last des Grenzschutzes einzig und allein auf ihren im Grunde schwachen Schultern.

In diesem gesamten Grenzgebiet kommt es immer wieder zu Zusammenstößen mit aufständischen Tirolern, aber uns sollen in diesem Zusammenhang nur die Auseinandersetzungen interessieren, an denen Gebirgsschützen beteiligt sind.

So ist überliefert, daß die Aschauer Gebirgsschützen, zusammen mit der Priener Gebirgsschützenkompanie, an der Tiroler Ache und bei Sachrang in Kämpfe mit Tirolern verwickelt waren und daß es ihnen gelungen ist, die Insurgenten zurückzudrängen.

Man hört von Bergschützen, die zusammen mit freiwilligen Jägern unter dem Major Waible in Grenzkämpfe verwickelt sind und Meleck, Heidebrück und die Jettenberger Brücke besetzten.

Im Gebiet von Tegernsee und Kreuth kommt es zu Zusammenstößen zwischen Miesbacher und Tegernseer Gebirgsschützen, Tiroler Aufständischen, die unter vaterländischen Parolen ihre privaten Raubzüge auf Viehherden veranstalten.

Am 17. Juli 1809 fahren Tiroler sogar mit Flößen an Vorderriß und Fall vorbei, um Lenggries anzugreifen.

»... der Patrimonialrichter von Hohenburg meldet an das Landgericht Tölz von den Einfällen und Plünderungen der Tyroler. 18. Juli 1809: ›Gestern landeten nach drei Uhr 200 Mann auf zwei starken Flößen beim Brosl, Söldner im Winkel. Fünfzig Mann und acht Weiber blieben zum Plündern zurück, die übrigen 150 ordneten sich zum Marsch nach Hohenburg und Lenggries.‹ Von Tölz kamen dreißig Soldaten zu Hilfe, Lenggries brachte ebenso viele Schützen auf, an deren Spitze sich der altresignierte Pfarrvikar Zarmann (von der Marxensölde) mit seinem Scheibengewehr stellte. Sie postierten sich am Kalvarienberg und bei der Schloßwiese hinter Heumanndls; die Tyroler, worunter ein Drittel kaiserliches Militär, setzten sich an der Wehr des Hirschbaches fest und feuerten auf das erste Picket, zogen sich aber dann zurück, worauf die Mannschaft von Lenggries vorrückte...« So ein Angriff scheint in der Luft zu liegen. Jedenfalls stehen reguläres Militär, Gebirgsschützen und Tölzer Bürgermilitär bereit.

»... In Tölz stand seit frühem Morgen die Kompagnie Graef des Reservebataillons 1. Graef war am Morgen von der Hauptreserve in Benediktbeuern ... zur Unterstützung der Kompagnie des 1. leichten Bataillons abgesendet, hatte durch das Landgericht die brauchbaren Gebirgsschützen aufbieten lassen und sofort nach der Ankunft in Tölz den Offiziersposten in Lenggries verstärkt. Kaum waren die Anordnungen vollzogen, als der Gegner den

Posten angriff und zum Weichen gegen Tölz zwang. Graef nahm, mit seinen Kompagnien von Tölz auf Wagen herbeieilend, unterwegs den Offiziersposten auf und warf im Vereine mit Gebirgsschützen unter ihrem Führer Leutnant Winkler und Tölzer Bürgermilitär den Feind bis Hohenburg zurück. Die Dunkelheit beendigte die Verfolgung. Einige Tote und Gefangene sowie die Flöße, fielen den Siegern in die Hände; der Erlös für die später verkauften Flöße wurde an die Mannschaft verteilt ...«

An diesem 17. Juli greifen die Tiroler, zum Teil von regulären österreichischen Truppen unterstützt, auf breiter Front an. Ein größerer Einbruch gelingt ihnen im Werdenfelser Gebiet. Bis zu den Höhen von Spatzenhausen und Obersöchering, nördlich von Murnau, stoßen sie vor, müssen aber den anrückenden Kräften Arcos weichen und schließlich den Markt räumen. Erst bei Kohlgrub im Westen und bei Eschenlohe im Süden gibt Arco die Verfolgung auf. Über hundert Gefangene, ein erobertes Geschütz und zwei Fahnen des Vintschgauer Landsturms sind die Beute dieses 18. Juli 1809.

Vom Korps des Grafen Oberndorff weiß die bayerische Heeresgeschichte zu berichten, daß es »... seit Ankunft seiner Kompagnien in Oberaudorf und Reichenhall beständig Zusammenstöße seiner Patrouillen mit den Insurgenten ...« hatte. »Am 16. erfolgte dann der Angriff auf seine Stellung bei Oberaudorf und am 20. Juli ein weniger bedeutender auf ein Pikett der Abteilung Waible an der Jettenberger Brücke ...«

Dabei ist dann eigens vermerkt, daß der Oberst Oberndorff bei dem Vorpostendienst in diesem schwierigen Gelände »Unterstützung durch die Gebirgsschützen des Gerichts Rosenheim« gefunden hat.

Am 24. Juli erhalten die Obersten Arco und Oberndorff die Anweisung, in aller Stille Vorbereitungen zum Abmarsch ihrer Abteilung nach Kreuth zu treffen. Vom Tag ihres Abmarsches an unterstehen sie dem Kommando des französischen Generals Montmarie. Als die Soldaten auf dem Marsch sind, schützen Gebirgsschützen ihre Flanken. Ein Posten von 40 Gebirgsschützen liegt in Kochel. Ein Hauptmann Vögler befindet sich mit hundert Mann seiner Kompanie (Reservebataillon 2) und einigen Gebirgsschützen in Osterhofen, mit 50 Mann in Mainwolf, zwischen jenem Ort und Bayrischzell. Und vor Bayrischzell liegen 147 Gebirgsschützen unter dem Kommando des Oberleutnants der Gebirgsschützen Franz Bauer. Das ganze Aufgebot der Gebirgsschützen durch das Landgericht Miesbach — gut 400 Mann — steht im Raum Tegernsee-Schliersee neben regulären Truppen und vom Hauptmann Vögler heißt es später: er ». . . rühmte den vortrefflichen Geist dieser Leute, besonders ihres Kommandanten Baur, und die klugen Anordnungen des Landrichters Graf Preysing . . .«

Die Stärke des Korps Arco beträgt in jenen Tagen 36 Offiziere und 1844 Mann und dazu — wie es heißt — »einige hundert Gebirgsschützen von Miesbach«.

Für die Gebirgsschützen gilt noch immer, daß sie ausschließlich zur Verteidigung einzusetzen sind und nicht offensiv. Aber wieder einmal wird dieser Erlaß ignoriert. Das Korps Oberndorff vereint sich mit dem Arcos und beide gemeinsam rücken über Glashütte zum Achensee vor. Bei Zell, kurz vor dem Achensee, kommt es zur Feindberührung. Die Vorhut kann den Widerstand brechen. Die zerstörte Brücke über die Achen kann wieder hergestellt werden. Die Kompanie Oswald und hundert Miesbacher Gebirgsschützen decken diese Arbeiten durch Patrouillen vom Klausberg über die Koth-Alpe und das Gamsjoch.

Die Avantgarde rückt bis Eben, am anderen Ende des Achensees vor, ohne auf Widerstand zu stoßen. Die regulären Truppen, zusammen mit den Bergschützen, steigen ins Inntal ab, nach Jenbach, und rücken in Richtung Hall und Innsbruck vor.

Daß bayerische Gebirgsschützen entgegen den Bestimmungen vom 10. Juni die alte bayerisch-tirolerische Grenze überschritten haben, sieht man in München mit Stirnrunzeln und der Oberst Graf Arco handelt sich damit scharfe Vorwürfe ein. Aber Arco kontert, zum ersten habe nicht er die Bergschützen nach Hall befohlen, sondern der Oberbefehlshaber General Montmarie, und zum zweiten habe der Landrichter Graf Preysing die Schützen selbst angeboten.

Innsbruck wird durch französische Truppen unter Lefebvre besetzt, aber Anfang August kommt ein jäher Rückschlag. Die Tiroler unter Andreas Hofer greifen erneut an, und am 14. August muß Lefebvre Innsbruck räumen. Einen Tag vorher, am 13. August, will Arco einen Verhau an der Heilig-Kreuz-Kapelle nordöstlich von Pill erkunden, da trifft ihn die Kugel eines Insurgenten tödlich.

Man kennt in jenen Tagen sicher keine klaren Fronten. Und wenn im Inntal gekämpft wird, so bleibt die bayerisch-tirolerische Grenze nach wie vor unsicher und man kann die Gebirgsschützen nicht einfach heimschicken. Im Gegenteil, General Deroy läßt mit Nachdruck die Gebirgsschützen der Landgerichte Traunstein, Rosenheim und Miesbach aufbieten.

Am 14. Oktober 1809 kommt es in Wien zum Frieden von Schönbrunn. Die Tiroler wollen nicht an die Niederlage des Kaisers glauben und kämpfen weiter. Zwei Tage später, am 16. Oktober 1809, kommt es zur dritten Offensive gegen Tirol, die zur endgültigen Niederlage des Landes führt.

Als dann der Feldzug von 1809 beendigt ist, gedenkt auch der König Max Joseph I. der Leistungen der Gebirgsschützen. Er lobt die Lenggrieser und die Miesbacher, er lobt das Forstpersonal von Tegernsee, Kreuth, Bayrischzell, Glashütten und Rottach und er lobt die Reichenhaller.

»Die Verdienste der Gebirgsschützen während des Krieges im Jahre 1809 betreffend. Wir Maximilian Joseph, von Gottes Gnaden König von Baiern.

Aus dem Uns vorgelegten umständlichen Berichte des General-Kommissariats im Isar-Kreise vom 16. Juni l. J. haben Wir mit besonderem Wohlgefallen die ausgezeichneten Verdienste ersehen, welche sich das auch während des Krieges im Jahre 1809

errichtete Gebirgs-Schützen-Korps durch freiwillige, muthvolle und unermüdete Beschüzung der alten Landesgrenze gegen die Einfälle der Insurgenten wiederholt erworben hat.
Dieses aus Forst-, Jagd- und Salinen-Individuen, Bürgern, Scheiben-Schüzen, und ausgedienten Soldaten der Landgerichte Reichenhall, Traunstein und Trostberg – Rosenheim, Miesbach, Tölz und Wohlfrathshausen – Wertenfels, Weilheim, Schongau, Landsberg und Staremberg – desgleichen auch aus Freiwilligen vom Zivilstande und der Nazional-Garden III. Klasse Unserer Haupt- und Residenz-Stadt München und ihrer Vorstadt Au, bestandene brave Korps hat sich, nach Unserm ersten Aufrufe zu dessen Formirung, unter der einsichtsvollen Leitung von Seite Unsers wirklichen geheimen Raths, und damaligen General-Kommissärs im Isar-Kreise, Freiherrn von Weichs, und durch die Thätigkeit des Oberforstraths Schilcher, und des Landrichters Grafen Prysing zu Miesbach, in wenig Tagen versammelt, und vom Anfange des Mai 1809 bis Ende November desselben Jahrs, auf der angewiesenen Kordons-Linie vom Inn bis an den Lech, von seinen eigenen Herden, und von den Besizungen und dem Eigenthume Unserer übrigen treuen und friedlichen Unterthanen jeden ferneren Angriff standhaft abgewehrt.
Besonders thätig wurden Unsere Linien-Truppen von den sehr gut organisirt gewesenen Reichenhaller Gebirgs-Schüzen unterstüzt, welche nicht nur zur Vertheidigung von Reichenhall, Berchtolsgaden, und der Schluchten gegen Lofer und St. Johann, unter der klugen Führung des Salinen-Ober-Inspektors Rainer zu Reichenhall, wesentlich mitgewirkt, sondern auch den Uebergang Unserer ersten Armee-Division über die Gebirge bei Melleck und Unken vorzüglich erleichtert, und zugleich durch unmittelbare Theilnahme an den damaligen Gefechten zur Umgehung und Gefangennehmung von beinahe 600 Insurgenten muthvoll beigetragen haben.
Vorzügliche Beweise von Muth und Vaterlandsliebe haben auch die gut organisirt gewesenen Lengrießer und Miesbacher Gebirgs-

Pionier der Gebirgsschützenkompanie Tegernsee 1848

Schüzen bei jeder Gelegenheith, besonders aber bei Scharniz und Loitasch, und auf dem Wege von Kreit bis Schwatz geliefert.
Desgleichen hat sich das der zweiten Abtheilung der Gebirgs-Schüzen, unter dem Kommando des thätigen Forst-Inspektors Schmid in Rosenheim zugetheilte Forst-Personal auf den demselben angewiesenen Posten zu Tegernsee, Kreit, Lengrieß, Baierisch-Zell, Glashütten, Neuhaus und Rottach, durch Muth, Genauigkeit und Thätigkeit im Dienste ausgezeichnet; und ebenso auch das bei obiger Abtheilung unter dem Kommando des eifrigen Oberförsters und damaligen Gebirgs-Schüzen-Hauptmannes Freiherrn von Erdt gestandene Forst- und Jagd-Personal des Forstamtes München und seine Stellung bei Kreit und Mittenwald ehrenvoll behauptet.
Indem Wir dem gesammten Gebirgs-Schüzen-Korps für dessen wiederholte beschwerliche Kriegsdienste, und für die damit verbundenen Aufopferungen Unsere volle Zufriedenheit hiemit wiederholt erklären, beschließen Wir, um das ganze Korps ehrenvoll auszuzeichnen, rücksichtlich einzelner Individuen desselben, wie folgt:

I. Die goldene Zivil-Verdienst-Medaille verleihen Wir:

1. dem gewesenen Hauptmanne bei der zweiten Gebirgs-Schüzen-Abtheilung Moosmüller Jakob, Oberjäger und Revierförster in der Riß, Landgerichts Tölz,
2. dem bei dieser Abtheilung als Oberlieutenant gestandenen, und wegen seines Wohlverhaltens schon im Jahre 1805 mit der silbernen Zivil-Verdienst-Medaille belohnten Bauer Joseph, Revierförster zu Kreit, Landgerichts Miesbach, und
3. dem vormaligen Lieutenant in obiger Abtheilung, Winkler Kajetan, Oberjägers-Sohn zu Lengrieß, Landgerichts Tölz.

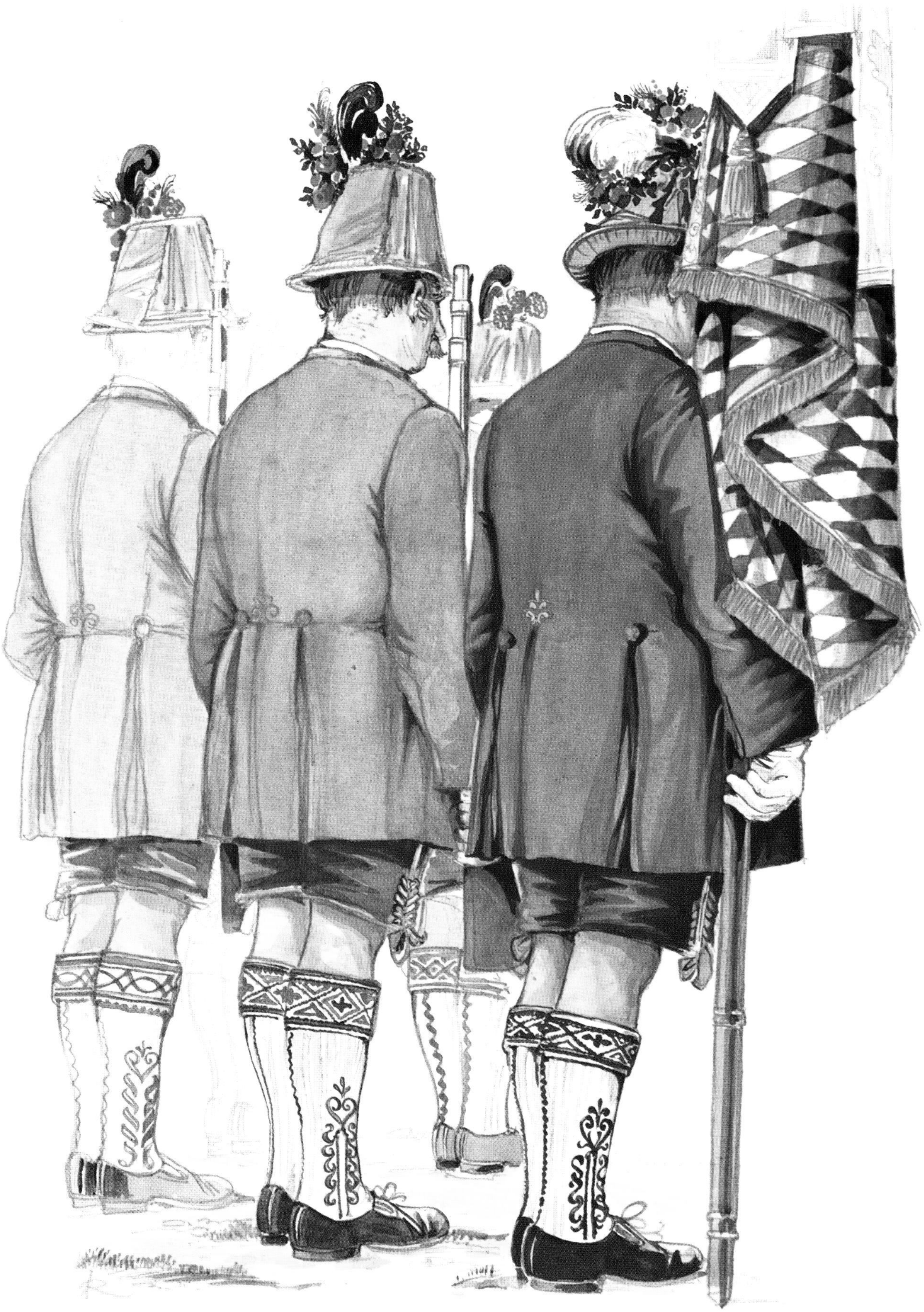

Gebirgsschützen-Kompanie
WACKERSBERG
Fähnrich und Schützen

II. Die silberne Zivil-Verdienst-Medaille erhalten:

1. der Salinen-Zimmermann Eisenbüchler Mathias zu Reichenhall,
2. der Förster-Sohn Ferchl Joseph von Karlstein, Landgerichts Reichenhall,
3. der Salinen-Zimmermann Graßl Johann zu Reichenhall, und vormalige Unter-Rottmeister bei der ersten Gebirgs-Schüzen-Abtheilung,
4. der Salinen-Zimmermann Huber Georg zu Reichenhall, und gewesene Unter-Rottmeister in der eben genannten Abtheilung,
5. der im Gefechte bei Mittenwald am 2ten Juni 1809 schwer verwundete damalige Ober-Rottmeister in der zweiten Gebirgs-Schüzen-Abtheilung, Kollermann Georg, Forstgehilfe zu Baierbrunn, Landgerichts Wohlfrathshausen,
6. Kohlhofer Simon, Zimmermann in der Vorstadt Au, und Gemeiner im Schüzenkorps der Nationalgarde III. Klasse daselbst,
7. der am 19ten Mai 1809 bei Mittenwald schwer verwundete Landgerichts-Kordonist Kugler Emeran zu Rosenheim, dermal bei hiesiger Polizei-Direktion als Polizei-Soldat angestellt,
8. der Salinen-Holzspalter Leidinger Bartolomä zu Reichenhall,
9. der Salinen-Wachtmeister Petermann Philipp zu Reichenhall,
10. der im Gefechte bei Mittenwald am 2ten Juni 1809 schwer verwundete Jagdgehilfe Schmotzer Johann zu Schleißheim,
11. der Bräuers-Sohn Schröder Kaspar zu Tölz, und vormalige Ober-Rottmeister in der zweiten Gebirgs-Schüzen-Abtheilung,
12. der Forstgehilfe Schwaiger Joseph zu Reichenhall,
13. der gräflich Zechische Jäger Seybold Ignaz zu Lengrieß, Landgerichts Tölz, und vormalige Ober-Rottmeister in der zweiten Gebirgs-Schüzen-Abtheilung,
14. der Forstgehilfe Sollacher Joseph zu Baierisch-Zell, Landgerichts Miesbach, und gewesener Ober-Rottmeister in der eben genannten Abtheilung,
15. der Salinen-Holzspalter Wimmer Andreas zu Reichenhall, und

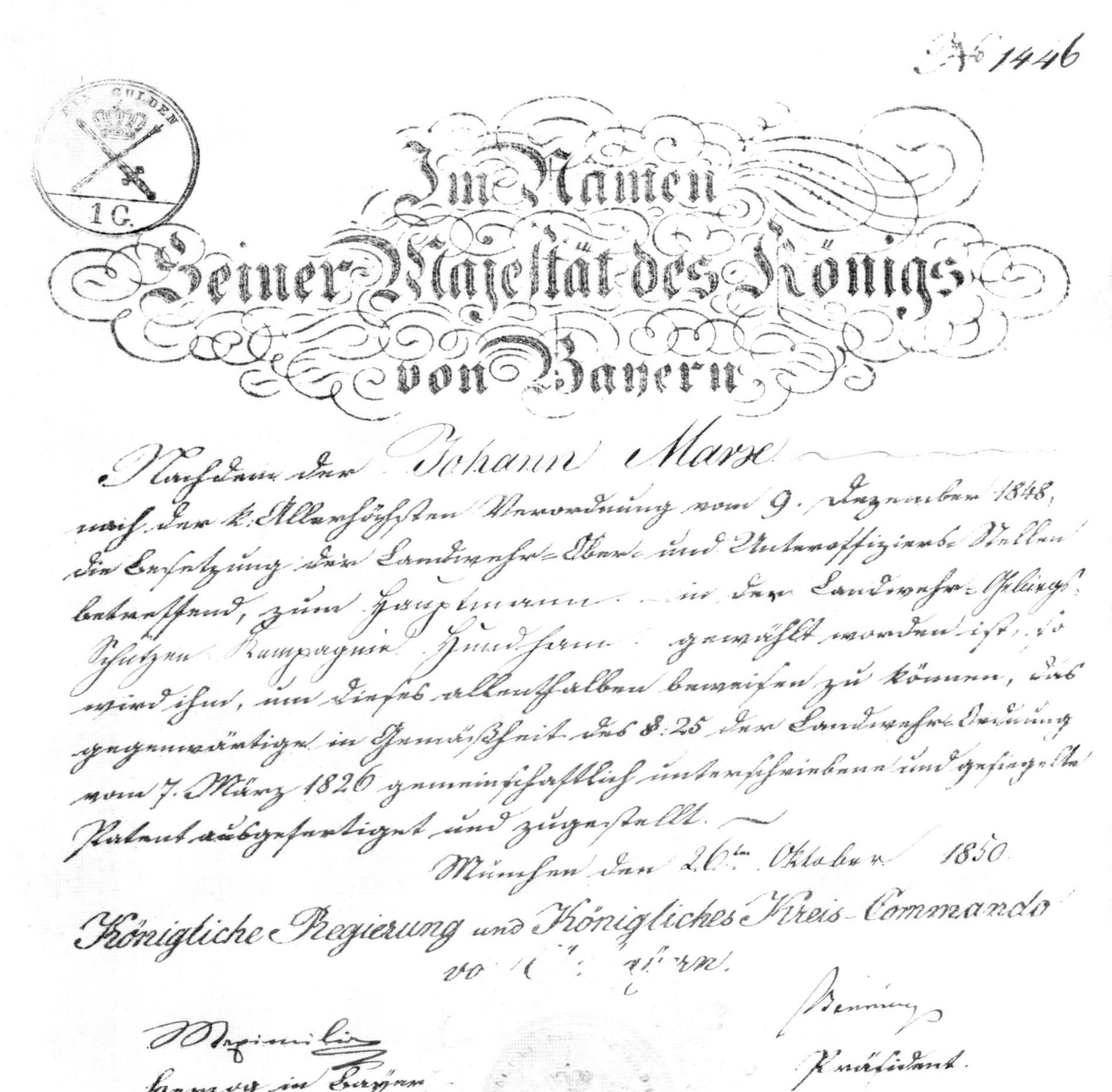

№ 1446

Im Namen Seiner Majestät des Königs von Bayern

Nachdem der Johann Marxe nach der k. Allerhöchsten Verordnung vom 9. Dezember 1848, die Ersetzung der Landwehr-Ober- und Unteroffiziers-Stellen betreffend, zum Hauptmann in der Landwehr-Gebirgs-Schützen-Kompagnie Hundham gewählt worden ist, so wird ihm, um dieses allenthalben beweisen zu können, das gegenwärtige in Gemäßheit des §. 25 der Landwehr-Ordnung vom 7. März 1826 gemeinschaftlich unterschriebene und gesiegelte Patent ausgefertigt und zugestellt.

München den 26ten Oktober 1850

Königliche Regierung und Königliches Kreis-Commando von [illegible]

Maximilian
Herzog in Bayern

Präsident.

Hauptmanns-Patent
für den
Johann Marxe ......

Regierungs-Sekretär.

Patent eines Gebirgsschützen-Offiziers 1850

16. der inzwischen gestorbene Gärtner-Sohn Maier von München, und vormalige Oberjäger im Schüzen-Korps der Nationalgarde

III. Klasse daselbst, dessen Eltern oder nächsten Verwandten die silberne Medaille als ein Andenken zuzustellen ist.

III. Eine Remuneration mit 25 Gulden bewilligen Wir:
dem Salinen-Maschinisten Anzinger Georg zu Reichenhall,
dem Salinen-Hammerschmiede Argler Rupert daselbst,
dem Reichenhaller Salinen-Holzknecht Auer Michael von Weisbach,
dem gewesenen Tambour der Lengrießer Schüzen Bachmair Nikolaus,
dem Gebirgs-Schüzen der dritten Abtheilung Deininger Philipp von Peiting, Landgerichts Schongau,
dem vormaligen Gebirgs-Schüzen-Korporal Deierl Joseph zu Miesbach,
den Reichenhaller Salinen-Holzknechten Ecker Blasius und Georg von Helmbach, und Ecker Johann und Markus von Jochberg,
dem Fallbacher Wolfgang, Pechler in den Reichenhaller Salinen-Waldungen,
den Reichenhaller Salinen-Holzknechten Geisler Simon und Bartholomäus von Wiesbach,
dem Geisreiter Georg, Salinen-Pfannenschmiede zu Reichenhall,
den Reichenhaller Salinen-Holzknechten Graßl Jakob, Scheuerl Joseph und Schwaiger Joseph von Wiesbach, Hinterseer Joseph und Sebastian von Rißfeicht, Prechler Lorenz und Joseph, Ringsquandl Kaspar, Scheuerl Andreas und Martin und Schwaiger Mathias von Jochberg,
dem Hiller Karl von Zwickau in Sachsen, Salinen-Maschinist zu Reichenhall,
den Gebirgs-Schüzen Hirschauer Leonhard, Bürgers-Sohn von Schongau, Pichler Johann von Großschwaig, Stöger Alois von Wolfgrub, und Stumbäck Franz von der Glashütte, sämtlich im

Landgerichte Miesbach, Ziegler Joseph, Ansiedler zu Kohlofen, Landgerichts Schongau und Thalbacher, Bürger zu Reichenhall,
den Gebirgs-Schüzen-Korporalen Klarer Dionis von Leiten, Koch Johann von Götzing, Schöfmann Adam von Kogel, Schöpfer Jakob von Point und Stöger Kaspar von Gmund, sämtlich im Landgerichte Miesbach,
dem Unter-Rottmeister in der dritten Gebirgs-Schüzen-Abtheilung, Lang Martin von Ammergau, Landgerichts Schongau,
dem Salinen-Holzspalter Loidfellner Simon zu Reichenhall,
dem Forstamtsgehilfen Luccas Hubert zu München,
dem Gebirgs-Schüzen-Ober-Rottmeister Luttenbacher Vitus von Faistenhaar, Landgerichts Miesbach,
dem Salinen-Zimmermann Maderwißer Georg zu Reichenhall,
den Salinen-Arbeitern Mast Mathias und Valentiner daselbst,
dem Forstwärter Neuner Klement zu Ammergau, Landgerichts Schongau,
dem Forstgehilfen Neuner Jakob zu Ettal, Landgerichts Weilheim,
dem Gerichtsdiener Niederreiter Georg zu Schongau,
dem Baueröcker Georg, Bauer am Kugelbache, Landgerichts Reichenhall,
dem Salinen-Zimmermann Paueruter Joseph zu Reichenhall, und
dem Maut-Stationisten Ramp Johann Baptist daselbst.

IV. Eine öffentliche Ehrenmeldung in dem Regierungsblatte verdienen:
a) in der Klasse des Forst- und Jagd-Personals:
die Jagdgehilfen Baier Johann zu Neuried, Fink Anton zu Perlach, Flügel Joseph zu Ezenhausen, Hilz Thomas zu Buchendorf, Maier Franz zu Farchach, Neunzer Johann zu Gern, Niederreiter Franz zu Forstenried, Prels Baptist zu Kultursheim, Querri Gottlieb zu Baierbrunn, Schuster Martin zu Helfendorf, und Staudinger Hubert zu Allach, sämtliche im Forstamte München,
die Forstgehilfen Hallada Franz zu Wohlfrathshausen, Lindmair Georg zu Deisenhofen, Luccas Jakob zu Grünwald, Moor zu

München, Perger Joseph und Ploner Georg zu Forstenried, Waldherr Alois zu Hofelding, und Wepper Bernhard zu Perlach, sämtliche im Forstamte München, desgleichen Bauer Mathias, Engel Eustach und Niedereder,
die Forstgehilfen Kirchmair Anton zu Starenberg, und Lenker Joseph zu Unterbrunn, beide im Forstamte Starenberg, Lenker Leonhard zu Utting, im Forstamte Pflugdorf, und Sollacher Stephan zu Fischbachau,
die Forstwärter Kruger Anton zu Windshausen, Probst Johann zu Hessenbichel, Dobler Ignaz zu Steinbuch, und Sollacher Stephan zu Baierisch-Zell,
der Jagdzeugdiener Mauser zu München,
der quieszirte Förster Michel Michael zu Hehenkirchen,
der Forst-Praktikant und Geometer v. Obernberg Ignaz zu Mittenwald,
der Förster Reindl Johann zu Piesenhausen in der Forst-Inspektion Rosenheim, und Wepper Johann Nepomuk zu Baierbrunn, im Forstamte München;

b) in der Nazional-Garde III. Klasse zu München:
der bürgerliche Schlosser Albertshauser,
der bürgerliche Bäcker Berchtold,
der Siegellak-Fabrikant Bierling, und
der Glaser Deible, Gemeinde im Schüzen-Korps,
der Orgelmacher Deiß, Korporal in diesem Korps,
der Salzstößler und Schüze Eyerrheimer,
der Buchbinder Falter, Sergeant im Infanterie-Regimente,
der Kistler und Schüze Feldweg,
der Säckler Fuchs, Sergeant im Infanterie-Regimente,
der Gärtner und Grenadier Gaurieder,
der Eisenhändler und Schüze Graf,
der Kistler und Schüze Grünewald,
der Tuchmacher Hanfstingel, Sergeant im Infanterie-Regimente,
der Briechler und Schüze Huß,

der Bierwirth und Schüze Kammerl,
der Handelsmanns-Sohn und Füsilier Karlinger,
der Bierwirth und Schüze Kellner Michael,
der Zinngieser Knoll, Sergeant im Schüzen-Korps,
der Schlosser und Schüze Kölbel,
der Weinwirth und Schüzen-Oberlieutenant Kornfelder,
der Schuhmacher und Füsilier Lanthaller,
der Wäscher und Schüze Lindner,
der Obsthändler und Schüzen-Tambor Lipp Moriz,
der Briechler und Schüze Mann,
der inzwischen gestorbene vormalige Schüzen-Tambour Molker, dessen Eltern oder nächste Verwandte Unsere besondere Zufriedenheit über das brave Betragen des Verstorbenen zu eröffnen ist,
der Bierwirth und Schüze Moosmüller,
der Friseur und Schüze Mühlberger,
der Zinngieser und Schüze Müßgang,
der Kleidermacher und Schüze Mesner,
der Loderer und Füsilier Ott,
der Gürtler und Schüzen-Oberlieutenant Probst,
der Stockmacher und Füsilier Rösl,
der Schießstatt-Wirth und Schüzen-Korporal Saiferling,
dessen Sohn Saiferling, Gemeiner im Schüzen-Korps,
der Bäcker und Füsilier Sailer Michael,
der Obsthändler und Schüze Schek,
der Gartenwirth und Schüze Schneider,
der Gärtner-Sohn und Grenadier Sedelmair,
der Salzstößlers-Sohn Sendtner, Sergeant im Infanterie-Regimente,
der Zuckerbäcker-Sohn und Grenadier Teichlein Bartholomäus,
der Weinwirths-Sohn und Grenadier Teufelhart,
der Gärtner und Schüze Walch,
der Häubelmacher und Füsilier Walnöfer,
der Wäscher und Schüze Weger, und
der Säckler und Schüze Zoller;

c) in der Nationalgarde III. Klasse der Vorstadt Au:

der Uhrmacher und Schüze Botzleiner Joseph,
der Tuchscherer und Schüze Crucius Erasmus,
der Wäscher und Schüze Giglberger,
der Mehlbers-Sohn und Schüze Haselbäck,
der Zimmermeisters-Sohn und Schüze Kainz Michael,
der Milchmann und Schüze Knittelberger Joseph,
der Müllers-Sohn und Schüze Ludwig Adam,
der Anstreicher und Schüzen-Korporal Mair Paul,
der Waffenschmieds-Sohn und Schüzen-Sergeant Neuner Johann,
der Bierwirth und Schüze Schmid Georg,
der Mühlgehilfe und Schüze Stöckl Paulus,
der Müller und Schüze Waagmüller, und
der Spängler und Schüze Wimmer Joseph;

d) aus der Klasse der übrigen freiwilligen Gebirgs-Schüzen:

der Kupferstecher Bollinger zu München,
der Geometer Eggenbacher Alexander, gewesener Lieutenant und Adjutant der zweiten Gebirgs-Schüzen-Abtheilung,
der Friseur Förchl zu München,
der Stiftungs-Administrations-Kanzleibote Graf Joseph Severin daselbst,
der Maut-Stationist Haindel Benedikt zu Riedhausen,
der Rentamts-Praktikant Heldenberg Johann zu Weilheim, vormaliger Ober-Rottmeister der dritten Gebirgs-Schüzen-Abtheilung,
der Chirurg Höß zu Andechs, Landgerichts Weilheim,
der Büchsenmacher Korntheur zu München,
der Bierwirth Lapomette Joseph daselbst,
der Küster in der Kirche zum heil. Kajetan daselbst, Pröbstl Sylvester,
der Garderobediener Schlotthauer daselbst,

der nunmehrige Oberlieutenant im zweiten Bataillon der zehnten mobilen Legion der Nationalgarde II. Klasse, Freiherr von Speidel,
der dermalige Kanzleibote bei dem General-Kommissariate des Isar-Kreises Stacheder Simon,
der Geselle Steinberger bei dem Silberarbeiter Weishaupt in München,
der Stiftungs-Administrations-Schreiber Völck Johann zu Landsberg,
die Gebirgs-Schüzen Adelbert Jakob von Reitrhein, Angerer Bartholomä von Brunnpichl, Auracher Joseph von Geitau, Bauer Florian von Helfendorf, Deisenrieder Joseph von Deisenried, Eberl Dionis von Bach, Engelsberger Joseph von Engelsberg, Enterrottacher Johann von Enterfels, Hacklinger Alois von Frauenried, Huber Martin von Fürth, Hupfauer Joseph von Westenbach, Kinshofer Johann von Wissen, Kirchberger Joseph von Eckart, Limmer Georg von Reitrhain, Mair Georg von Tegernsee, Rechthaler Joseph von Schliersee, Rettenbäck Joseph von Au, Rieder Florian von Kirschenhof, Stadelberger Joseph von Rhain, Wastner Kaspar von Gmais, Wernberger Martin von Fischbachau, und Zahler Peter von Kreith,
die vormaligen Gebirgs-Schüzen-Korporale Bammer Georg und Kirchberger Johann von Baierisch-Zell, Ellgraßer Johann von Gotzing, Schwaiger von Dettendorf, und Stumböck Joseph von Schmerold, sämtliche im Landgerichte Miesbach,
die Gebirgs-Schüzen Bandele Michael von Landsberg, Deller Nikolaus, ausgedienter Soldat, von Dießen, Landgerichts Landsberg, Heiß Blasius, Gerold Anton, Müller Johann, Seitz Joseph, Wolfgang Joseph, Würmseer Johann und
die Gebirgs-Schüzen-Korporale Baumgartner Ferdinand, Heger Balthasar, und Heiß Michael, alle von Lengrieß, Landgerichts Tölz,.
die Landgerichts-Kordonisten Eberl Nikolaus und Rösl Anton zu Weilheim,

Gebirgsschützen-Kompanie
LENGGRIES
Pioniere

der ausgediente Soldat Hiepold Joseph von Habbach, Landgerichts Weilheim, und
der beabschiedete Kordonist dieses Landgerichts, Klein Nikolaus, die ausgedienten Soldaten Gattinger Georg und Luzenberger Gottfried, und der Kordonist Schwendtner Georg, sämtliche im Landgericht Starenberg,

der ausgediente Soldat Loderer Simon im Landgerichte Dachau, und
der gewesene Unter-Rottmeister in der dritten Gebirgs-Schüzen-Abtheilung, Schießl Martin von Unter-Ammergau, Landgerichts Schongau.

V. Das General-Kommissariat des Isar-Kreises hat den zu diesem Kreise gehörigen vorgenannten Individuen die ihnen zuerkannten Medaillen, Remunerazionen und die ausgesprochenen Belobungen auf eine feierliche und auszeichnende Weise zustellen und eröffnen lassen, und zu diesem Ende die Medaillen bei Unserm Haupt-Münz-Amte zu erholen, wegen der Remunerazionen aber sich mit der Finanz-Direktion des Isar-Kreises zu benehmen, an welche deshalb die geeignete Weisung erfolgen wird.
Rücksichtlich der übrigen belohnten und belobten Individuen werden die ihnen vorgesetzten Kommissariate des Salzach-, Inn- und Iller-Kreises unterm heutigen Tage gehörig in Kenntniß gesetzt und angewiesen.

VI. Dem Distrikts-Schul-Inspektor Gail Gervasius zu Tölz, welcher im April 1809 über den Wunsch der dortigen Bürgerschaft zu einer Nationalvertheidigung gegen die Tiroler Insurgenten dem General-Kommissariate des Isar-Kreises die erste Anzeige gemacht hat, ist, wegen seines dadurch bezeigten Eifers für die gute Sache und das Wohl seiner Mitbürger, Unser besonderes Wohlgefallen zu eröffnen.

VII. In Betreff der braven Gemeinden Mittenwald, Schöfau, Sindelsdorf, Unkundenwald und Ufing, welche in keiner direkten

Verbindung mit dem Gebirgs-Schüzen-Korps gestanden sind, aber sich doch durch ihre Anhänglichkeit an Fürst und Vaterland vorzüglich ausgezeichnet haben, erließen Wir Unsere besondere Entschließung.

VIII. Die verdiente Belohnung und Auszeichnung des Salinen-Ober-Inspektors Rainer zu Reichenhall behalten Wir Uns vor; und rücksichtlich des Forst-Inspektors Schmid zu Rosenheim, des Oberförsters Freiherrn von Erdt zu München, und des übrigen Forstpersonals, welches von dem General-Kommissariate des Isar-Kreises im § 26 des von dieser Stelle am 16. Juni l. J. Uns vorgelegten, und mit ihrem Gutachten begleiteten Aktenauszuges vorgemerkt ist, erwarten Wir den geeigneten Antrag obiger Kreisstelle, sobald dieselbe die ihr noch nöthigen Befehle und Erfahrungen gesammelt haben wird.

Unsere gegenwärtige Entschließung lassen Wir durch das allgemeine Regierungsblatt zur öffentlichen Kenntniß bringen.

München, den 2ten September 1811.

Max Joseph.

Graf von Montgelas.

Auf königlichen allerhöchsten Befehl der

Generalsekretär Baumüller.«

Bei der Schützenkompanie Mittenwald hat sich ein Schreiben, eine Abschrift eines königlichen Reskripts aus der Zeit erhalten, die sich ebenfalls mit Auszeichnungen durch den König befaßt.

»Seine Majestät der König haben durch ein allerhöchstes Reskript vom 2. September laufenden Jahres (1811) den sämtlichen Einwohnern des Marktes Mittenwald für ihre bewährte Treue und Anhänglichkeit während der Kriegs-Verhältnisse im Jahre 1809, des allerhöchsten Wohlwollens zu versichern geruht, und verleihen, um die ganze Gemeinde, worunter die National-Garde III. Klasse von selbst begriffen ist, ehrenvoll auszuzeichnen: — dem Bürgermeister Georg Rödlich die goldene und dem, um die ebenbenannte National-Garde vorzüglich verdienten Hauptmann

derselben, Johann Bader die silberne Zivil-Verdienst-Medaille; — sowie der Kirschner Franz Heiß, der Geigenhändler Joseph Hornsteiner, der Geigenmacher Anton Sailer, die Forstwärter Gregor Heiß und Anton Wurmer, der Wirth Thomas Knilling, der Schuladstant Baptist Kollinger, der Burger Joseph Niggl, der Schuester Johann Seizz, der Hufschmied Andreas Sprenger, der exponirte Gerichtsdienergehuelfe und provisorische Marktsdiener Joseph Steer, und der Sailer Sebastian Strodl einer oeffentlichen Ehrenmeldung in dem Regierungsblatte wuerdig erkannt werden.
Das General-Kommissariat des Inn-Kreises hatte diese allerhöchste Entschließung der Markts-Gemeinde zu Mittenwald zu eröffnen und dem genannten Bürgermeister, wie auch dem Kommandanten der National-Garde III. Klasse die ihnen zuerkannten Medaillen in Gegenwart der ganzen Gemeinde und auf eine feierliche Weise zuzustellen.«

Von 1813—1814

Lange bleibt es in Tirol nicht ruhig. Unter der Oberfläche gärt es. Dazu kommt die vernichtende Niederlage Napoleons an der Beresina. Dreißigtausend bayerische Soldaten bleiben in den Schneefeldern Rußlands. Diese Katastrophennachricht macht Tirol wieder unsicher.
Der Landrichter von Miesbach, Graf Preysing, überreicht im Juni 1813 dem Minister Graf Montgelas und dem bayerischen Kriegsminister Triva eine Denkschrift über die Grenzverteidigung durch Gebirgsschützen. Der Kriegsminister hält nicht viel davon und weist den Vorschlag mit der Bemerkung zurück, 1809 hätten die Gebirgsschützen auch nur durch den Einsatz in Verbindung mit der aktiven Truppe etwas getaugt. — Montgelas besteht darauf, daß der Kriegsminister trotzdem einen entsprechenden Plan

vorlegt, was am 27. Juli 1813 dann auch geschieht. In einer Denkschrift legt Triva besonderen Wert darauf, daß Gebirgsschützen mit der aktiven Truppe vermischt werden, oder zumindest mit der Nationalgarde II. Klasse.
Österreich schlägt sich auf die Seite der Feinde Napoleons, Bayern kann sich zu diesem Schritt noch nicht entschließen und man rechnet erneut, wenn schon nicht mit einem Aufstand, so doch zumindest mit Unruhen in Tirol. Am 14. August 1813 erfolgt der Erlaß »zur Verteidigung und Sicherung der Familien und des Eigentums getreuer Untertanen gegen räuberische Einfälle«. Damit werden Gebirgsschützen aufgeboten. Zivil-Kommissär beim Gebirgsschützen-Korps wird der Landrichter von Miesbach, Graf Preysing. 16 Kompanien in Stärken von 120 bis 180 Gebirgsschützen sollen in den bedrohten Landgerichten aufgestellt werden, eine davon in Reichenhall, drei in Traunstein, zwei in Miesbach, zwei in Rosenheim, zwei in Tölz, eine in Garmisch, drei in Weilheim und zwei in Schongau.
»... Sie setzen sich zusammen aus Freiwilligen dieser, aber auch anderer Bezirke, aus dem ganzen unverheirateten königlichen und privaten Forstpersonale, dem seine Stellungen, wie der Gehalt, zugesichert blieben, aus unverheirateten, nicht ansässigen Männern vom 20. bis 40. Lebensjahr. Allerdings war die letzte Kategorie nur als Reserve gedacht, die dritte sollte ebenfalls nur im Notfalle aufgerufen werden ...«
Zu den Scharfschützen werden Leute ausgewählt, die im Schießen besonders gut ausgebildet sind und selbst Waffen besitzen. Die Dienstgrade wählt man vor allem aus dem Jagd- und Forstpersonal. Sie müssen in den Bezirken beheimatet sein. Die Ernennung der Ober- und Unter-Rottmeister — also der Feldwebel und Korporale — erfolgt durch die Landrichter, die der Oberförster und Hauptleute durch den Kommissär, die der Offiziere durch das Kriegsministerium im Einvernehmen mit dem Ministerium des Äußeren. Und alle erhalten sie Anstellungsdekrete.
Die Uniform besteht vom Ober-Rottmeister abwärts lediglich

Aschauer Gebirgsschützen um 1848, Schießscheibe aus Aschau

in der Nationalkokarde auf dem Hut und einer weißblauen Schleife am linken Oberarm. Scharfschützen tragen an der Kokarde »... eine Schluppe von grünen Bändern«. Einen Unteroffizier erkennt man an einer weißblauen Rose auf der gewöhnlichen Ärmelschleife. Offiziere können, selbst dann, wenn sie noch nicht zum Uniformtragen berechtigt sind, die mit dem Gradzeichen ihres Ranges versehene Uniform der Nationalgarde II. Klasse anlegen, dazu im Dienst das Armee-Portepee. Bewaffnung ist die gleiche wie bei der Truppe. Die Löhnung erfolgt wie im Jahr 1809.

Es ist alles genau festgelegt. In dienstlichen Angelegenheiten wendet sich der Hauptmann an die Militärbehörde, »in Formierungs- und Verpflegungs-Angelegenheiten an den Zivil-Kommissär und nur in dringenden Fällen an das königliche Landgericht«.

Kleine Vergehen eines Gebirgsschützen hat der Hauptmann zu ahnden, schwerere, nicht militärische, der Herr Landrichter, schwerere militärische Vergehen und Verbrechen werden nach den Kriegsgesetzen bestraft.

Die aufgebotene Mannschaft hat sich am Amtssitz des Landgerichts zu sammeln, dort wird sie in Formationen eingeteilt, und jeder einzelne Gebirgsschütz mit Handschlag verpflichtet.

Das Gesamtaufgebot der Gebirgsschützen obliegt dem General Graf Wrede. Sein Verbindungsmann zum Zivil-Kommissär des Gebirgsschützen-Korps ist der Zivilkommissär Freiherr von Tautphoeus.

Am 15. August 1813 erhält Wrede von diesen Bestimmungen Kenntnis, zusammen mit dem Befehl, im Notfall die Gebirgsschützen aufzubieten, vor allem »... mit Rücksicht auf die Bedeutung der Posten in Mittenwald und Partenkirchen, in Benediktbeuern und Murnau zur Sicherung der Haupt- und Residenzstadt München«; – außerdem Aufgebote drüben vom Inn bis zur Saalach zur Sicherung der Salinen von Reichenhall und Rosenheim, zudem wohl auch zur Flankensicherung und Rückendeckung seines Korps, das bei Braunau steht.

General Graf Wrede bittet deshalb den Grafen Preysing, 16 Gebirgsschützen-Kompanien aufzubieten und damit die Gebirgspässe an der Grenze nach Tirol zu sichern.
Nun möchte man glauben, daß der Errichtung dieser Kompanien nichts im Wege steht. Nichts dergleichen. Bei einer ersten Besprechung am 18. August erklärt sich zwar der Landrichter von Rosenheim bereit, die Kompanien aufzustellen, seine beiden Kollegen aus Reichenhall und Traunstein sehen nur Schwierigkeiten; ihre Bezirke seien durch die Aufstellung der mobilen Legion nahezu entvölkert und außerdem seien sie noch nicht dazugekommen, die nötigen Vorarbeiten zu leisten. Zwei Tage später muß sich Preysing in Benediktbeuern bei einem Treffen mit den Landrichtern der westlichen Gerichte das gleiche anhören. Nur Weilheim und Tölz stellen die Errichtung von Gebirgsschützen-Kompanien in Aussicht.
Der Kommissär Preysing berichtet deprimiert seinem König. Er meint, bei einigermaßen gutem Willen könne man die Kompanien sehr wohl aufstellen. Aber man ist in unserem Land kriegsmüde geworden und es findet sich nur ein einziger Offizier, der sich freiwillig meldet, nämlich der Hauptmann der Nationalgarde III. Klasse Harasser aus Miesbach. Und so bittet Graf Preysing, die Offiziere selbst ernennen und dem Korps einen Kommandanten zuweisen zu dürfen. Der König entspricht diesem Wunsch.
Unterdessen hat die bayerische Besatzung der Festung Thorn vor den russischen Belagerern kapitulieren müssen. Sie hat einen ehrenvollen Abzug erhalten, aber nur mit der Verpflichtung, sich nicht mehr gegen Feinde Frankreichs einsetzen zu lassen. Diese Truppen sollen nun zusammen mit den Gebirgsschützen zum Grenzschutz an der Tiroler Grenze eingesetzt werden. Die Truppen werden dem Obersten von Braun in Rattenberg unterstellt.
In Tirol scheint es unter Speckbacher, Aschbacher und Sieber erneut zu Unruhen zu kommen — vor allem im Achental unter Aschbacher. Und während der Oberst von Braun mit den Thorner Bataillonen von Süden, vom Inn her, in das Achental eindringt,

müssen die Miesbacher Gebirgsschützen die Pässe, die von Altbayern in das Tal führen, besetzen.
Am 3. September 1813 wird die Aufstellung der Gebirgsschützen entlang der Grenze genau festgelegt: »... Die 1. Kompagnie Tölz im Isartal zur Sicherung von Lenggries, die 2. dieses Gerichts nebst einer Kompagnie Weilheim in der Gegend Wallersee, die 1. Kompagnie Miesbach in der Gegend vom Seebauern im Achental bis zur bayerischen Grenze, die 2. dieses Bezirks in Bayrischzell zur Verfügung des Kommandanten von Kufstein, ebenso wie die 2. Kompagnie Rosenheim in Niederndorf, die 1. Kompagnie Rosenheim in Füssen, Schmiedberg und am Walchensee ...«

Carl Feichtner schreibt dazu: »... Im Gericht Traunstein war die Organisation der Kompagnie noch so weit zurück, daß die beabsichtigte Aufstellung in Oberrain und Reit im Winkel nicht möglich war.
Und die Kompagnie Reichenhall, die am 21. August 95 Mann aus nur altbayerischen Gemeinden zählte, da man die Tiroler aus dem Pfleggericht Lofer wegen ihrer Gesinnung einzuberufen nicht gewagt hatte, sah sich wegen Geldmangel vorerst verhindert, den ihr zugewiesenen Sicherungsraum Lofer—Hirschbühl—Paß Strub zu besetzen. Gerade dieser war zum Schutze Reichenhalls und Salzburgs von besonderer Bedeutung. Erst am 18. September konnte die Kompagnie nach Lofer abrücken.
Der leidige Geldmangel bereitete überhaupt der Aufstellung der Gebirgsschützen die größten Schwierigkeiten. Ohne Sold wollten die Leute keine Dienste leisten und keine Stellungen beziehen. Dringende Berichte um Abhilfe dieses Übelstandes häuften sich an den Ministerien.«
Nun — die Aufgaben, die Pässe nach Tirol zu schützen, bei der Annäherung von Insurgenten die Brücken zu zerstören oder Verhaue anzulegen, können nur sehr bedingt erfüllt werden.
Am 25. September treffen eine Gebirgsschützenkompanie aus Schongau und zwei aus Weilheim im Sammelpunkt Mittenwald

Gebirgsschützen-Hauptleute
von Gaissach-Oberaudorf-Reichersbeuern-Ellbach bei Tölz
Ehrenhauptmann von Gaissach

ein. Sie wollen das obere Isartal schützen, das Gebiet um Garmisch und das Graswangtal bei Ettal. Aber in Tirol beruhigt sich die Lage wieder, Graf Lerchenfeld schlägt deshalb vor, Ende September das gesamte Gebirgsschützen-Korps aufzulösen und aus Rosenheim, wo die Gebirgsschützenkompanie noch immer nicht einsatzfähig ist, kommt erleichtert zweifelnd die Anfrage, ob unter diesen Umständen das Ausrücken dieser Kompanie überhaupt noch nötig ist? Glücklicherweise kommt es zu keinen Kämpfen mehr und schließlich beantragt General Wrede die Auflösung »... des sehr teuren, nach dem Abschluß des Bündnisses mit Österreich auch unnötigen Gebirgsschützen-Korps«. Als die Auflösung am 24. Oktober ausgesprochen wird, zählt das Korps 32 Offiziere, 112 Unteroffiziere, 14 Tambours und 700 Mann. Außer der zweiten Miesbacher Kompanie Harasser ist keine zum Einsatz gekommen.

Obwohl nun Österreich und Bayern als Verbündete gegen Frankreich kämpfen, kommt es in Tirol zu neuen Unruhen. Es liegen nur wenige bayerische Truppen dort und wieder gilt es, rasch eine Landesverteidigung an der Tiroler Grenze aufzubauen. Der Widerwille unter der oberbayerischen Bevölkerung ist aber unterdessen noch größer geworden. Trotzdem sind im Dezember bereits wieder 705 Gebirgsschützen aufgestellt. Sie sollen zum Teil wenigstens zur Verstärkung ins Inntal marschieren. In Schneestürmen geht der Marsch nur zögernd vorwärts. Es kommt zu Widerspenstigkeiten, ein Teil der Miesbacher Kompanie verweigert den Gehorsam und marschiert erst weiter, als man zusichert, daß noch andere Kompanien folgen. Einige Unteroffiziere und Mannschaften laufen einfach davon. Graf Preysing glaubt die Gründe zu kennen: Den Bergschützen werden die Allerhöchsten Erlasse nicht bekannt gemacht, bei der Auswahl der Einberufenen kommen Ungerechtigkeiten vor, es fehlt jegliche Strenge, damit jegliche Disziplin und die Duldung von Unregelmäßigkeiten wird von den pflichtgetreuen Schützen verärgert zur Kenntnis genommen. Obendrein soll sich der Einsatz der Schützen außerhalb der Lan-

desgrenze noch rächen. Graf Preysing meldet von einer »schleichenden Seuche« die mehr Unheil anrichte als ein Überfall der Aufständischen. Die Einheimischen verbreiteten das Gerücht, daß ein Aufstand bevorstehe, der sich vor allem gegen die Gebirgsschützen richte und die aktiven Truppen schone. Drohend sagen es die einen, hänselnd die anderen, manche auch in anscheinend wohlmeinender Absicht. Jedenfalls glauben die Schützen diesem Gerücht und die Gebirgsschützenkompanie Rosenheim verabredet sich zum gemeinsamen Davonlaufen. Preysing erbittet Verstärkung durch eine aktive Kompanie — aber folgen wir hier noch einmal Carl Feichtner, der über diese Ereignisse schreibt:
»Oberst Braun, der Kommandeur der bayerischen Einheiten, ... der soeben von ... einer Besichtigung der Gebirgsschützen-Kompagnien zurückgekehrt war, erkannte ... sofort den wahren Grund dieses ... Gerüchts, das einen Geist unter bayerischen Männern erzeugt habe, welcher dieser tapferen, biederen Nation zum Schandfleck gereicht', und entsandte am 4. Januar seinen Oberstleutnant von Hoppe zur Untersuchung der Meuterei und zur Beschwichtigung ab, den erbetenen Unterkunftswechsel sowie die Entsendung einer aktiven Kompagnie lehnte er bestimmt ab. Er wies zur Stärkung des Mutes der Gebirgsschützen auf die in der Nähe befindlichen aktiven Truppen hin und äußerte sich dahin, »besser läutern sich die Kompagnien von Feiglingen jetzt schon, als vor dem Feinde«. — Hoppe traf die Kompagnien Miesbach, Tölz, Schongau-Weilheim bei guter ... Gesinnung an. Auf die verzagten Rosenheimer wirkte er erfolgreich durch eine Ansprache ein. Die Kompagnie versprach, ihre Pflicht zu erfüllen, die Desertionen hörten auf, zumal sich das Gerücht, die jungen Burschen von Schwaz und Umgebung wären zu den Aufständischen übergegangen, als unhaltbar erwies. Der gute Geist wurde noch weiter dadurch gestützt und gestärkt, daß Preysing aus eigener Tasche den rückständigen Sold wenigstens bis zum 1. Januar auszahlte.
Abgesehen von dieser Erschütterung in dem an sich nicht festgefügten Bau des Gebirgsschützen-Korps bereitete auch die Unzu-

Gebirgsschützen aus Reichenhall um 1848, Lithographie von C. Grünwedel

verlässigkeit und Energielosigkeit mancher Landrichter dem Grafen Preysing Schwierigkeiten. Sie äußerte sich in der Vernachlässigung ihrer Pflicht, die Kompagnien zu vervollständigen und der Deserteure wieder habhaft zu werden . . .«
Der Sold bleibt wieder aus. Kämpfe mit Insurgenten ersticken im Schnee, es gibt wieder Verpflegungsschwierigkeiten, und der Landrichter von Rosenheim gibt auf wiederholte Schreiben, die ihn an pflichtgemäße Lieferungen von Lebensmittel mahnen, gleich gar keine Antwort.
Trotzdem glaubt Graf Preysing, für seine Gebirgsschützen bürgen zu können, die aufgrund eines Urteils einer seiner Hauptleute » . . . wohl keine Schelme seien, ob jeder aber ein Held sein werde, stehe dahin . . .«
Andere Offiziere versichern, ihre Schützen würden zwar Allerhöchste Befehle ausführen, aber im Grund seien sie doch der Ansicht, daß derjenige, der sich freiwillig in Gefahr begibt, am Ende in ihr auch umkomme.
Minister Montgelas rät dem König aus politischen Gründen, nur noch Rattenberg und Kufstein zu halten, das übrige Tirol aber zu räumen.
Am 16. Februar 1814 dann ist es endlich so weit. Die fünf Gebirgsschützen-Kompanien marschieren zurück zu ihren Sammelplätzen und lösen sich auf. Die Institution der Gebirgsschützen erlischt dann endgültig mit der neuen Landwehrordnung vom 7. März 1826. Durch sie wird das Landvolk überall beurlaubt.

Das Wiederaufleben der Gebirgsschützenkompanien von 1835—1848

Von nun an ist die Geschichte der Gebirgsschützen im allgemeinen jedenfalls losgelöst von kriegerischen Zeiten, nicht ganz allerdings von politischen Spannungen. Als nämlich 1835 zur Erin-

Schießscheibe aus Hohenaschau, Gebirgsschützen um 1860

nerung an König Otto von Griechenland an der Grenze bei Kiefersfelden eine Kapelle eingeweiht wird, melden sich zum Paradedienst bei diesem patriotischen Fest zwei freiwillig gebildete Gebirgsschützenabteilungen aus dem Bezirk Miesbach beim zuständigen Landwehrmajor und Bataillonskommandanten Beer.

Dem Obersten und Kreisinspektor Ruhland wird befohlen, die Gebirgsschützen für dieses Fest einzuüben und während der Parade zu kommandieren. Ihr Auftreten wird von der hohen Obrigkeit in Gestalt seiner Exzellenz des Herrn Regierungspräsidenten, dem Grafen von Seinsheim, wohlwollend zur Kenntnis genommen. Und als der königliche Landrichter Wiesend von Miesbach um seine Gedanken betreff: »Wiedererrichtung einer Gebirgsschützenkompanie« befragt wird, erkennt er als guter Psychologe sofort den erzieherischen Wert dieses Gedankens.

»... Wie umgehend sich der treue, mutige Hochländer in den gefahrvollen Momenten für sein Herrscherhaus und das Vaterland seit uralten Zeiten gesammelt hat, ist der hohen Stelle ebenso wie die rühmlichen Verdienste derselben bekannt, und erlaube mir außer nach manchen triftigen Gründen für die Errichtung von Gebirgsschützen folgendes anzuführen: Wie wenig bisher dem verderblichen Wilddiebstahl durch die schärfsten Gesetze gesteuert werden konnte, weisen die vielen desfallsigen Kriminalprozesse nach, deren Zahl in keinem Jahr minderer wird.

Der Gebirgsbewohner hat eine, man möchte fast sagen, angeborene Lust zum Schießen, die er, fehlt ihm erlaubte Gelegenheit hiezu, auf jede persönliche Gefahr hin auszuüben trachtet.

Werden, wie es durchaus notwendig wird, mehrere Schießstätten behufs der Einübung der Gebirgsschützen errichtet, so wird seine Freude am Scheibenschießen erweckt und vom Wildschießen abgelenkt. Die Erfahrung hat bisher die Wahrheit dieses Satzes bewährt.

Wird ferner, wie man später beantragen wird, das Forstpersonal zu Offiziersstellen beordert, so ist demselben eine höhere Gewalt über des Wilderns verdächtige Individuen gegeben, und eine im Reglement gebotene Ausstoßung von Gebirgsschützen, welche sich des Wilderns verdächtig machen, würde ferners dem ehrgeizigen Hochländer eine große Schmach sein, der sich bloß zu geben, hüten wird.

Diesen Gründen, welchen auch gewiß jedes Forstamt beistimmen wird, fügt man noch hinzu, daß der Ruf der neuen Errichtung von Gebirgsschützen unter den Bergbewohnern allgemeinen Enthusiasmus erregt hat.«

Daraufhin wird am 23. August 1836 von Allerhöchster Stelle die Bildung der Gebirgsschützen-Kompanien im Landgericht Miesbach angeordnet. Ob König Ludwig I. den Bericht des Landrichters von Miesbach vorausahnt, als er am 5. September 1829 Tölz besucht? — Von diesem Besuch nämlich gibt es einen Bericht von Professor Johann Nepomuk Sepp.

»Ich weiß es wie heute, 200 Schützen vom Wackersberger Viertel, nicht weniger von Längriß und halb so viel aus Gaißach bildeten den Markt hinauf Spalier, erstere in lichtgrünen langen Röcken, mit ebenso grünen breiten Bändern um die schwarzen breitkrämpigen Hüte, worauf die Spielhahnfeder keck hervorstach. Die Gaißacher trugen, wie noch immer, kurze graue Joppen und als Kopfbedeckung einen Spitzhut. Seine Majestät besah sich die Truppen mit Wohlgefallen und zuletzt mit dem Rufe: ›Das sind meine Wildschützen.‹

Seine Majestät König Ludwig I. wollte natürlich ›Gebirgsschützen‹ sagen, aber gar so unrichtig war die Bemerkung nicht« — so meint jedenfalls Professor Sepp.

». . . Er mochte bei sich denken, daß diese stattlichen jungen Männer im Betretungsfalle keine Rekruten für die Strafanstalt seien. Die Stutzen, womit sie vor ihm paradirten, glichen auch nicht den abschraubbaren Gewehren der Wilderer. In der Sendlingerschlacht hatten die Vorfahren ihre Schuldigkeit geleistet; jetzt aber war es mit dem Schießen nicht so gefährlich, denn die Weiber daheim hatten den Verheiratheten aus Vorsicht oft Salz ins Pulverhorn gethan (wer es nicht wüsste), um ihnen das Wildern abzugewöhnen. — Als Kommandant stand der lange Baun von Wackersberg an der Spitze dieser Gebirgsschützen, wie er jetzt in Figur am Eck des Nationalmuseums steht und den Schmid-Balthes vorstellt . . .«

Der Bildhauer Rueff hat ihn 1863 in Stein gehauen und man kann ihn heute noch, den Morgenstern in der Hand, an der Ostecke des Völkerkundemuseums, jenem Bau Maximilians II. in der Maximilianstraße, zu München, sehen. Den Morgenstern in der Hand hat er unzerstört den letzten Krieg überstanden.

». . . Zur 25jährigen Vermählung des Königs, 12. Oktober 1835, zugleich zur Stiftungsfeier des Oktoberfestes, führte der Baun Kaspar 300 Bergschützen im Festzuge und war der Held des Tages. Alle Blätter waren voll von ihm und von den Leistungen der Tölzer . . .«

Im Isarwinkel also bestehen Schützenkompanien nach wie vor. In Miesbach allerdings stößt die Wiederaufstellung der Gebirgsschützenkompanie doch auf mehr Hindernisse als man zunächst annimmt. Im August 1836 war sie zwar schon beschlossen, aber im Frühjahr 1837 ist es noch immer nicht so weit. Der Landrichter Wiesend von Miesbach hat das Gefühl, er müßte diese Verzögerung rechtfertigen. Und er schreibt mit gespitzter Feder:

»1. Wie einer hohen Stelle bekannt ist, wurden in den Jahren 1829—1831 alle Gewehre im diesseitigen Polizeidistrikte confisziert und hiebei gingen auch fast alle Scheiben- und besonders Birschstutzen zugrunde, ohne daß deren Eigentümer eine Entschädigung erhielten. Hiedurch ist der Mangel an Stutzen sehr groß geworden, daß kaum ein Viertel der Mannschaft bei den gegenwärtig zu formierenden Kompagnien mit Gewehr versehen wäre.

Es erscheint um so mehr von höchster Wichtigkeit, daß jeder Schütze mit einem guten Stutzen ausgerüstet sei, als diese Wehr

Gebirgsschützen-Kompanie
SCHLIERSEE
Pioniere

den Haupt- und fast einzigen Bestandteil seiner Armatur und das ganze Schützenexercitium ausmacht, und es höchst unbillig erscheint, wenn immer nur diejenigen, welche vermögend sind, sich gute Gewehre anzuschaffen, das Beste auf dem Schießen davontragen würden, während der ärmere Teil der Mannschaft, welchem nur schlechte Gewehre zu Gebote stehen, trotz aller Anstrengung und Geschicklichkeit, dennoch an keinem Gewinne Anteil haben könnte.
Nebendies würde die kostspielige Anschaffung eines Gewehres manchen braven, aber vermögenslosen Mann vom Eintritte in eine Kompagnie abhalten.
Da sich dem Vernehmen nach im kgl. Zeughause eine bedeutende Quantität von Birschstutzen ganz unbenutzt befinden sollen, so würden sich die Kompagnien, wenn ihnen ein Teil hievon zum zeitigen Gebrauche überlassen werden wollte, sowohl für deren Zusammenrichtung bereit, als auch für ihre Erhaltung haftbar erklären, bis nach und nach von den Kompagnien selbst die erforderliche Zahl angeschafft wäre.
2. Da sich die Einübung im Scheibenschießen besonders in den ersten Jahren fast alle Sonntage wiederholen muß, so wird eine bedeutende Menge Munition konsumiert, weshalb der billige Antrag aufgeworfen wird, daß alljährlich an jede Kompagnie 1 Zentner Pulver gratis oder doch wenigstens um den Preis, wie solches unmittelbar von den Pulvermühlen und kgl. Depots abgelassen wird, verabfolgt werde.
3. Bei Bildung einer jeden Kompagnie wird vor allem erfordert, daß zur Bestreitung der Ausgaben für Musik, Schützenvorteilen, zur Unterstützung allenfalls im Dienste beschäftigter Schützen, eine Schützenkasse dadurch errichtet werde, daß jeder Mann eine nach den militärischen Graden zu regulierende jährliche Einlage mache.
Abgesehen davon, daß viele Schützen wegen Armut von diesen Beiträgen befreit sein müssen, können diese auch bei den vermöglicheren nur mehr gering ausgesetzt werden, weil diesen die

Anschaffung der benötigten Armatur und Montur ohnedies viele Kosten verursacht — und dieser Fond wird daher immer nur höchst dürftig und unzureichend werden, sobald nicht höheren Ortes ein ergiebiger Zuschuß wenigstens für die ersten 3 Jahre genehmigt wird.
4. Endlich erfordert die Aufmunterung zum Dienste, daß wenigstens jährlich sechs Schützenvorteile für jede Kompagnie ausgesprochen werden.
Es werden demnach folgende Bitten gestellt:
a) es wolle gnädigst eine Anzahl von 80 bis 100 Birschstutzen an die Kompagnien Schliersee und Fischbachau oder ein Aequivalent an Geld von circa 4—500 fl. übersandt werden;
b) ferners bewilligt werden, daß alljährlich 2 Zentner Scheibenpulver unentgeltlich abgeliefert werden;
c) zur Bildung von Kompagniefonden wird pro 1836/37 um einen Zuschuß von 100 fl. und
d) noch gehorsamst gebeten, daß für jede Kompagnie jährlich 6 Schützen-Vorteile à 1 bayerischer Thaler ausgesprochen werden.
Man lebt der zuverlässigen Ueberzeugung, daß die gehorsamsten Anträge um so minder als unbillig oder übertrieben betrachtet werden, als es in der allerhöchsten Willensmeinung liegt, etwas Reelles herzustellen, und eine Sache, die schon von Anfang an den Stempel der verderblichen Halbheit und Dürftigkeit an der Stirne trägt, nichts als die Keime eines baldigen Wiederverfalles verrät und ebendeswegen jede energische Durchführung vergeblich macht.
Man bitte ferners gnädigst zu erwägen, daß man es hier nicht mit vermöglichen, und ganz in der Nähe beisammenwohnenden Bürgern zu tun habe, sondern größtenteils mit ledigen Burschen, welche da ihre Wohnorte zerstreut, und oft sehr entlegen sind, fast alle einen weiten Weg zu den Exercierplätzen und Schießstätten zu gehen haben, woselbst sie ihren wenigen Wochenverdienst wieder verzehren müssen.
Aus diesem fällt in die Augen, wie vielen Beschwerden und

Kosten Schützenkompagnien in einem Gebirgslande unterliegen, deren Täler eine Länge von mehr als 5 Stunden haben, während ihnen auf der anderen Seite durchaus keine Art Vorteile zur Anerkennung ihrer Opfer ausgesprochen worden ist.
Indes ist die Begeisterung für die Sache so groß, daß jetzt schon eine Menge Freiwilliger sich genannt haben, und es wäre wahrhaft bedauernswert, wenn dieses edle Feuer für eine so schöne Einrichtung nicht auch auf eine würdigende Art unterstützt würde.
Da schon im kommenden Monat März mit Assentierung und Einübung der Mannschaft, wozu bereits zum Teil neue Schießstätten errichtet sind, begonnen wird, so bittet man dringend um baldige gnädigst befreiende Entschließung.«
Dieses Schreiben des Landrichters Wiesend von Miesbach hat keinen Erfolg. Es verschwindet in den Akten der hochwohllöblichen Obrigkeit. Das hindert allerdings Bauern und Bürger des Miesbacher Bezirks nicht, wieder Schützenkompanien zu gründen. So entstehen Kompanien in Miesbach-Parsberg, in Schliersee und Fischbachau, in Bayrischzell, Hundham und Niklasreuth, in Gmund und Tegernsee. Aber es fehlt an allem, vor allem an entsprechender »Armatur« — an »Adjustierung«. Die Gebirgsschützen sind im Augenblick für den Staat uninteressant; er läßt sie zwar gewähren — unterstützen tut er sie nicht.

Von 1848—1863

Die Ereignisse des Jahres 1848 liegen schon lange in der Luft und in München ist nicht etwa die berühmt-berüchtigte Lola Montez die Ursache, die zur Revolution führt, sie ist lediglich der äußere Anlaß. Es gärt in jenem Jahr überall. Die revolutionäre Bewegung

des Jahres 48 erschüttert fast das ganze alte Europa. In Frankreich kommt es zu Unruhen, in Deutschland, in Österreich, Ungarn und Italien. Im gleichen Jahr erscheint in London das kommunistische Manifest von Karl Marx und Friedrich Engels, und zwar in deutscher Sprache. Dieses Manifest beeinflußt zwar nicht den Ausbruch der Revolution, aber sein Erscheinen ist doch ein Symptom für den Geist dieser Jahre. Träger der revolutionären Bewegung sind der bürgerliche Mittelstand, die ständisch entwurzelten Handwerksgesellen und mit ihnen die Masse des Kleinbürgertums – nicht aber das Fabrikproletariat, das es in großen Ausmaßen noch nicht gibt. Aber diese Revolution hat nicht nur soziale Gründe. Sie hat auch nationale Seiten, die sich in Deutschland in den Farben Schwarz-Rot-Gold ausdrücken; Farben, die sich einer mündlichen Überlieferung zufolge von der Uniform der Lützowschen Jäger ableiten sollen: schwarz die Uniform, rot der Kragen, gold die Schärpe.
In diesem Zusammenhang interessiert aber nicht so sehr die Geschichte der Revolution von 1848, als vielmehr die der Gebirgsschützen. Daß der Geist der achtundvierziger Jahre bis ins Tegernseer Tal vorgedrungen ist, zeigt ein Bild, das uns erhalten ist: das Bild eines Sappeurs, eines Tegernseer Kompaniepioniers, der an seinem linken Rockrevers wie Ordensbänder ein kleines schwarz-rot-goldenes Band trägt und ein weißblaues.
Man befürchtet in jenem Jahr, daß die Unruhen auf das Land übergreifen. Ruhe, Ordnung und Sicherheit scheinen in Gefahr. Die Kräfte der Polizei, die zu schwach erscheinen, sollen durch Freiwilligen-Korps ergänzt und unterstützt werden. So entstehen in München das Studenten-Freikorps und ein Freikorps der Münchener Künstler. Und nun endlich interessiert sich die Obrigkeit für das Wiederaufleben der alten Gebirgsschützenkompanien ja sogar für die Bildung neuer.
Dieses neu ins Leben gerufene »Gebirgsschützen-Institut« wird mit einer »Gebirgsschützen-Ordnung« vom 21. April 1848 reorganisiert.

§ 1.
Allgemeine Bestimmungen

In den Gebirgsgegenden der Landgerichts-Bezirke Berchtesgaden, Miesbach, Reichenhall, Rosenheim, Schongau, Tegernsee, Tölz, Traunstein, Weilheim, Werdenfels, dann im Herrschaftsgerichte Hohenaschau sind mit Ausnahme jener Städte und Märkte, in denen sich aktive Landwehr befindet, freiwillig Gebirgsschützen-Compagnien zu bilden, welche zur Volksbewaffnung gehören. Dieses dürfte auch auf jene Landgerichtsbezirke in den Gebirgsgegenden, welche nicht zu Oberbayern gehören, ausgedehnt werden.

§ 2.
Einteilung in Compagniebezirke

Jedes Thal, welches den umliegenden Gebirgsbewohnern leicht zugänglich ist und ein und demselben Landgerichte angehört, kann mit seinen Nebentheilen einen Gebirgsschützen-Compagnie- oder Abtheilungs-Bezirk bilden, wobei auch die gehörige Verbindung der zu diesem Bezirk bestimmten Gemeinden und Wohnorte unter sich zu berücksichtigen ist. Wenn die von den Jahren 1814/1815 vorhandenen Eintheilungen der Gebirgs-Landwehr-Compagnie-Bezirke der benannten Landgerichte zum vorhandenen Zwecke mit oder ohne Abänderungen benützt werden können, so sollen sie als Grundlage der gegenwärtigen Compagnie-Bezirks-Eintheilung dienen. Jede Compagnie ist eine selbständige Abtheilung, welche den Namen des Hauptortes, an welchem der Vereinigungsplatz der Compagnie ist, annimmt.

§ 3.
Unterordnung der Compagnie in Formationsgegenständen

Die Constituirung der Gebirgsschützen-Compagnien, die Eintheilung der Compagnie-Bezirke, die Aufnahme der Schützen, die Ausmittlung der Versammlungsorte und die Schießstätten der Compagnie, die Sorge für die Uebungen im Scheibenschießen und immerwährende Erhaltung der Bewaffnung der Schützen, über-

haupt alle auf die Formation und Entwicklung dieses Instituts bezüglichen Gegenstände sind der Leitung der Distriktpolizeibehörden, resp. deren Vorstände (nach der Organisation im Benehmen mit der in § 17 bezeichneten Kommission) unter der oberen Leitung der Königlichen Kreisregierung benehmlich mit dem Kreiscommando übertragen.
Das kgl. Staatsministerium des Innern ist in allen Gegenständen der Gebirgsschützen-Compagnien die höchste Stelle und diese Compagnien sind durch diese Allerhöchste Stelle den Befehlen des Königs untergeordnet.

§ 4.

In Commando-Gegenständen

In allen militärischen Dienst- und Commando-Sachen sind die Gebirgsschützen-Compagnien ihrem Compagnie-Commandanten und durch diesen dem kgl. Kreiskommando von Oberbayern untergeordnet, an das die benannten Commandanten ihre Meldungen, Berichte erstatten und zur Zeit am Ende eines jeden Monats den Standausweis der Compagnie einreichen. Das kgl. Kreiscommando nimmt zur angemessenen Zeit die Inspizierung (Musterung) der Gebirgsschützen-Compagnien in den Compagnie-Versammlungsorten entweder selbst vor, oder läßt sie durch die betreffenden Bezirks-Inspektoren vornehmen.
Hinsichtlich der militärischen Dienstes-Subordinations- und Disciplinar-Verhältnissen, sowie der, jedoch auf den kleinsten Bedarf zu reduzierenden, nothwendigen Compagnie-Bücher und -Listen kommen die Vorschriften der Landwehr des Reiches in Anwendung. Ist zu einer Untersuchung ein Auditor benöthigt, so wird jener der nächsten Landwehr-Garnison bei dessen Kommando requirirt.

§ 5.

Verpflichtungen der Compagnien

Die Gebirgsschützen-Compagnien haben zur Aufrechterhaltung der inneren Ruhe und Sicherheit, wohin notwendige Patrouillen, Streifen, Wachtdienste und in den größeren Ortschaften auch

Feuer-Piquete gehören, nach diesfalls von den Distrikts-Polizeibehörden an die Compagnie-Commandanten zu erlassenden schriftlichen Requisitionen mitzuwirken, und zur Gebirgslandesvertheidigung nebst den nächstgelegenen Bezirken im Falle eines Königlichen Aufgebotes sich gebrauchen zu lassen.
Ausrückungen dieser Compagnien zu kirchlichen oder festlichen Zwecken sind, wenn nicht höhere Befehle sie bestimmen, dem freien Willen der Compagnien anheimgegeben, nur hat hiezu die Beistimmung der betreffenden Distriktspolizeibehörde vorauszugehen, in deren Ermangelung die Ausrückungen unterbleiben.
Die einer Compagnie zugetheilten Schützen haben sich auf den Ruf des Compagnie-Commandanten oder in dringender Gefahr durch auf den Bergen zu gebende Signale oder Alarmfeuer nach vorausgegangener eingeholter Genehmigung der kgl. Distriktspolizeibehörde, in der gehörigen Weise mit Stutzen und Munition versehen, an den als Vereinigungspunkt bezeichneten Platze oder Orte pünktlich einzufinden.
Alles Ebenbesagte wird nach vollendeter Compagnieformation durch die ganze Compagnie und von dem künftigen Zugang bei einer dienstlichen Zusammenkunft bekräftigt und hiezu der für die Landwehr vorgeschriebene Diensteid angewendet.
Die erste Verpflichtung nimmt der Distriktspolizeibeamte vor, den nachfolgenden Zugang beeidet der Compagnie-Commandant.
Den Austritt begründen das 60. Lebensjahr, legal nachgewiesene Körpersgebrechen, Auswanderung oder Militärspflichterfüllung.

§ 6.
Sold und Verpflegung

Die Compagnien leisten unentgeldliche Dienste; bei der Verwendung außer dem Compagniebezirk oder zur Landesvertheidigung wird geeignete Verpflegung angewiesen.

§ 7.

Bestandtheile der Schützen-Compagnien

Die Gebirgsschützen-Compagnien bilden sich mittelst freiwilligen Zugang von Gebirgsbewohnern, welche
a) ein eigenes Anwesen, einen ständigen Erwerb, Pacht, ein ständiges Einkommen besitzen,
b) einzige Söhne, oder Söhne von Gebirgsbewohnern sind, die das elterliche Anwesen seiner Zeit übernehmen und der Militär-Conscription nicht angehören,
c) aus ledigen Männern, welche das vierzigste Lebensjahr erreicht haben und nicht vom Taglohn leben,
d) aus Bewohnern anderer Stände, welche sich freiwillig melden,
e) aus Freiwilligen, welche zum Linienheer und dessen Reserve pflichtig sind, aber mit Vorbehalt dieser Verpflichtung sich freiwillig zum Gebirgsschützendienst melden. (Diese Klasse könnte, wenn die Schützencompagnien zur Landesvertheidigung aufgeboten sind, in den benannten Compagnien eingereiht werden.)
Alle vorbenannten Personen (a bis e) müssen einen guten Leumund besitzen.

§ 8.

Formation der Compagnie

Eine Compagnie ist formirt, wenn wenigstens 60 bis 80 Schützen bei der landgerichtlichen Assentirungs-Commission aufgenommen und eingeschrieben sind, wozu sich auch eine größere Zahl eignet.
Findet sich in ein und demselben Bezirke die Zahl von 60 Schützen nicht vor, so bildet sie aus der geringeren Zahl eine halbe Compagnie oder eine Sektion, wobei 20 Mann einen Oberoffizier erhalten.
Eine Compagnie zählt: 1 Hauptmann, 1 Oberlieutenant, 2 — und ist die Compagnie über 100 Mann stark — 3 Unterlieutenants, 1 Unterarzt in Unterlieutenantsrang, 1 Unterchirurg in Junkersachtung, 1 Feldwebel, 3 Sergeanten, 6 bis 8 Corporäle, 4 Spielleute, 2 oder mehrere Pioniere.

Gebirgsschützen-Kompanie
TEGERNSEE
Fähnrich und Schützen

Jeder Compagnie ist überlassen, als Spielleute Hornisten oder Tamboure und Pfeiffer zu wählen und ein kleines Musikkorps aufzunehmen.

§ 9.

Von den Ober- und Unteroffizieren

Zu den Ober- und Unteroffizieren sind Mitglieder der Compagnie zu nehmen, welche die erforderliche Bildung, die öffentliche Achtung, die nöthigen Fähigkeiten und besondere Lokalkenntnisse und das Vertrauen der Schützen besitzen. In der Besetzung der Hauptmanns-, Oberlieutenants-, Feldwebelstellen ist im Hinblicke auf die wichtigen Funktionen dieser Chargen eine vorzügliche Auswahl zu beobachten.

§ 10.

Besetzung der Ober- und Unteroffiziersstellen

Die Besetzung der Ober- und Unteroffiziersstellen, einschließlich des Arztes sowie die Vorrückung in höhere Grade, ist der freien Wahl der sämmentlichen Mitglieder der Compagnien und zwar nach der ersten Wahlhandlung mit Beiziehung aller Grade anheimgestellt.

Die erste Wahlverhandlung nimmt der Vorstand der betreffenden Distriktspolizeibehörde im Versammlungsorte der Compagnie an einem zu bestimmenden Tage vor. Jedes Mitglied der Compagnie übergibt seinen Antrag mit deutlicher Bezeichnung des Namens des Gewählten sowie der beantragten Stelle in einem Blatte dem benannten Vorstand. Dieser läßt in einem, die Verhandlung bezeichnenden Protokolle den aus den Wahlzetteln durch Stimmenmehrheit hervorgehenden Antrag mit Bemerkung der Stimmenzahl eintragen, setzt seine eigenen Bemerkungen über den Antrag eigenhändig hinzu und sendet das von ihm und drei Mitgliedern der Compagnie unterschriebene Protokoll mit den Wahlzetteln an das kgl. Kreis-Commando ein, welches für die Oberoffiziere im Einverständnisse mit der Kgl. Kreisregierung in der für die Landwehr bestimmten Form und Stempel-

gebühr die Ernennungspatente unentgeltlich bewirkt und an das Compagnie-Commando übersendet.
Die Ernennungen werden im Kreis-Intelligenzblatte eingerückt. Die Unteroffiziere werden durch die Compagnie-Expedition bekannt gegeben.
Die Wahlverhandlung über die nach der ersten Organisation nothwendigen Ersetzungen nimmt der Compagnie-Commandant nach der in diesem Paragraphe ertheilten Vorschrift vor.

Die Resultate der Unteroffiziers-Verhandlung werden nach der ersten Wahl sogleich durch den Compagnie-Commandanten an die Compagnie expedirt. Die erste Vorstellung der Ober- und Unteroffiziere geschieht durch den Distriktspolizeibeamten.

§ 11.
Kleidung, Armatur

Die Kleidung der Ober- und Unteroffiziere und aller Angehörigen der Compagnie besteht in der gewöhnlichen Kleidung der Gebirgsbewohner mit der weiß und blauen Armbinde am linken Oberarm als Dienstzeichen. Diese Binde besteht aus einem mit einer Schleife versehenen, zwei Zoll vier Linien bayerischen Maßes breiten Bande mit drei Streifen, von denen der mittlere hellblau und einen bayerischen Zoll breit ist, jeder der beiden weißen Nebenstreifen aber eine Breite von acht Linien hat.
Von dem Eifer der Gebirgsschützen läßt sich das Bestreben für eine bestmögliche Gleichheit des Rockes durch graue Joppen mit grünen stehenden Kragen, und durch gleichheitliche Gebirgshüte mit der bayerischen Kokarde erwarten.
Die Grade der Ober- und Unteroffiziere sind an den beiden Seiten des grünen Kragens nach der in der Landwehr vorgeschriebenen Weise von Gold- und gelbwollenen Borten zu bezeichnen. Die Spielleute und Musiker erhalten gelbwollene Borten auf den Krägen der Joppen.
Der Unterarzt Unterlieutenants-Auszeichnung.

Bayerischer Gebirgsschütz um 1860

§ 12.

Armatur

Die Bewaffnung des Gebirgsschützen einschlüßig des Feldwebels besteht aus einem Kugelstutzen mit gezogenem Rohr, in einer kleinen, um den Leib geschnallten ledernen Tasche für das Pulverhorn, Lademaß, Pflaster, Kugeln und den Kugelzieher, sodann in einem Bergsack (Rucksack) über die Schultern gehängt und an demselben die Steigeisen befestigt. Die Offiziere tragen an einer um den Leib geschnallten schwarzledernen Kuppel gleichheitliche Infanteriesäbel mit dem Landwehr-Offiziers-Portépée.

§ 13.

Von den Uebungen und Schießstätten

Die Hauptwaffenübung der Gebirgsschützen – in Friedenszeiten – ist das Scheiben- oder Zielschießen. Es soll daher an jedem Sammelplatze der Compagnie oder Abtheilung eine Schießstätte errichtet werden. Die assentirten Schützen versammeln sich auf der Schießstätte, welcher sie zugetheilt sind, vier- bis sechsmal im

Sommer und drei- bis viermal im Herbst und Frühjahr. Es wird hiebei jedesmal ein Schützenvortheil ausgeschossen, und das Verhalten hiebei durch eigene, für den Compagniebezirk geltende Schützenregeln festgesetzt.
Das Nichterscheinen oder das Uebertreten dieser Regeln und der übrigen Dienstesvorschriften zieht das erstemal Warnung, das zweitemal eine festzusetzende Geldstrafe zur Schützenlade, das drittemal den Ausschluß des Fehligen vom Schützencorps nach sich. Für jede Schießstätte wird ein königlicher Commissar und ein Schützenmeister durch die Compagnie gewählt und von dem kgl. Kreis-Commando bestätigt.
Mit der Versammlung zum Scheibenschießen ist eine Inspektion der Compagnie durch den Hauptmann derselben und eine kurze Einübung im Aufstellen, Marschieren, Schwenken und regelmäßigen Führen des Stutzens verbunden.

§ 14.

Kosten der Einrichtung

Die Kosten auf Errichtung der Gebirgsschützen-Compagnien und auf Erfüllung ihres Zweckes reduzieren sich
a) auf Anschaffung der Armaturstücke, sowie der benöthigten Munition, und nicht bedeutender Kleidungsgegenstände durch die Mannschaft selbst,
b) auf Herrichtung und Unterhaltung der Schießstätten an dem Hauptorte im Compagniebezirke auf Kosten des kgl. Aerars,
c) auf Schützen-Vortheile, welche aus öffentlichen Fonds ermittelt werden sollen.

§ 15.

Herstellung einer Compagnie-Kasse

Sehr zweckmäßig wäre bei jeder Compagnie die Errichtung einer Compagnie-Kasse, deren Beiträge durch die Compagnie-Mitglieder festgesetzt und für dienstliche Zwecke der Compagnie verwendet würden. Einer gewählten Oekonomie-Commission der Compagnie könnte nach zu bestimmenden Statuten die Verwal-

Isarwinkler Gebirgsschützen um 1865, Federzeichnung von W. v. Diez

tung dieser Kassa und die jährliche Rechnungsablage übertragen werden.

§ 16.

Auszeichnungen der Compagnien

a) Militärische Formation, Organisation, Benennung.

b) Patentisierung der Oberoffiziere.

c) Militärische Ehrenbezeugungen für die Compagnien und deren Oberoffiziere unter sich, von der Landwehr und anderen militärischen Abtheilungen in der aktiven Dienstleistung.

d) Portofreiheit für die dienstlichen Schreiben der Compagnien und Einsendungen der Stempelgebühren der Offizierspatente an das kgl. Kreis-Commando.

Jedes Compagnie-Commando hat ein dienstliches Siegel nach der für die Landwehr vorgeschriebenen Form anzuschaffen und mit diesem die dienstlichen Schreiben, auf denen die Adresse nach Vorschrift zu schreiben ist, zu siegeln.

e) Schützen-Vortheile aus den Aerealkassen.

f) Militärisches Begräbnis der im aktiven Dienste verstorbenen Oberoffiziere und Unteroffiziere, Schützen und anderen Angehörigen der Schützen-Compagnie nach den für die verschiedenen Grade in den desfallsigen Vorschriften der Landwehr bestimmten Anordnungen.

§ 17.
Commissionsbestellung

Bei jeder Distriktspolizeibehörde der Gebirgsschützen-Compagnien wird eine Commission ernannt, welche die Aufrechterhaltung dieser Compagnien nach den bestehenden Vorschriften zu überwachen, allenfallsige Verbesserungen zu beantragen und gewöhnlich einmal in jedem Monat am Sitze der Distriktspolizeibehörde zusammenzutreten hat.

Die Mitglieder dieser Commission bestehen: in dem Distriktspolizeibeamten als Vorsitzenden, 1 Hauptmann, 1 Oberlieutenant, 2 Unterlieutenants, welche bei dem Bestande von mehreren Compagnien aus den sämmentlichen Compagnien des Distrikts gewählt werden.«

Gleichzeitig mit dieser Gebirgsschützen-Ordnung ergeht ein Aufruf der Kommandanten des Isarkreises für die gesamte Landwehr – das ist Herzog Maximilian in Bayern, der Vater der Kaiserin Elisabeth, der berühmte Zitherspieler. Und sein Aufruf »... durch Bildung von Gebirgsschützen-Compagnien – wie sie früher bestanden haben – die Sicherheit im Innern des Landes und zur Verteidigung des heimatlichen Gebirgslandes nebst den nächstgelegenen Bezirken zu bezwecken ...« löst große Begeisterung aus und hat vollen Erfolg.

Greifen wir das Beispiel des Bezirkes Miesbach heraus, denn darüber hat der ehemalige Bürgermeister von Miesbach, Carl Feichtner, sehr zuverlässige Unterlagen erarbeitet.

Im Miesbacher Bezirk werden die Gebirgsschützen-Compagnien durch den Bataillons-Kommandanten der Landwehr, Loibl, organisiert. In allen Gemeinden kommt es zu Volksversammlungen, in denen die Bevölkerung aufgefordert wird, für Gott und Vaterland und den Schutz der engeren Heimat eine Art Einwohnerwehr zu bilden.

Der Aufruf findet eine erstaunliche Resonanz. Es melden sich eine Menge Freiwilliger: In Agatharied 70 Mann, Bayrischzell 40

Mann, Fischbachau 80, Gotzing 30, Holzolling 80, Hundham 80. In Irschenberg sind es 80 Freiwillige, in Niklasreuth 60, Parsberg 60, Reichersdorf 30, Schliersee 70, Thalham 70, Wall 60, Wies 50 und in Holzkirchen 64 Freiwillige.

In Miesbach zählt man nur 28 Freiwillige. Aber das hat seinen Grund. Hier gibt es ja längst Bürgermilitär, jetzt königliche Landwehr genannt, und die 28 Miesbacher Bürger melden sich für ein Freischützen-Corps, das nun neben der Landwehr entstehen soll. Das bedeutet aber noch nicht, daß jeder Freiwillige auch genommen wird. Er muß vielmehr ganz bestimmte Voraussetzungen erfüllen.

»1. Ehrenhaftigkeit in jeder Hinsicht und festes männliches Betragen.

2. Liebe zu König und Vaterland, Gesetzlichkeit und unverbrüchliche Verpflichtung zur Aufrechterhaltung aller Ordnung.

3. Bewaffnung nur angesessener Männer und deren Söhne mit völlig unbescholtenem Ruf.« Und C. Feichtner weiß zu berichten: »In allen voraufgeführten Gemeinden wurden in der Krisenzeit 1848 der vom Landgerichte angeordnete Heimatdienst (Wachen, Patrouillen usw.) mit Eifer und Anerkennung durchgeführt.«

Der Aufruf findet aber nicht nur im Miesbacher Bezirk Gehör. In allen möglichen Formen tauchen wieder Schützenkompanien auf. In Reichersbeuern ruft sie der Hauptlehrer Schauer — natürlich ein Liberaler — als Zimmerstutzenschützen wieder ins Leben. In Schliersee wird im gleichen Monat, in dem das Parlament in der Paulskirche in Frankfurt zusammentritt, auf der Halbinsel Freudenberg eine Feldmesse gelesen.

Anschließend ist ein großes Festschießen in Neuhaus, und der gefeierte Ehrengast ist der volkstümliche Herzog Max in Bayern. In Tegernsee stiften die Jungfrauen und Frauen ihren wiedererstandenen Gebirgsschützen die gestickte Seidenfahne in den alten Tegernseer Farben, Weiß und Grün — bestickt mit dem bayerischen Wappen. Am 12. Juni 1848 wird sie unter der statt-

lichen Beteiligung vieler anderer Schützenkompanien bei einer Feldmesse vor der Tegernseer Schloßkirche geweiht.
Überall gibt es nun Feste voll freiheitlich festlich-feierlicher Gefühle. Nur im Isartal drüben endet so ein Fest mit Mißklängen. Die Tölzer, allem Anschein nach mehr freiheitlich gesinnt, und die Wackersberger, streng konservativ, geraten bei einem Waldfest zu Ehren des damaligen Reichsverwesers Erzherzog Johann auf dem sogenannten Studentenkogel – dem Studentenbergl – aneinander. In einer regelrechten Schlacht erobern die Wackersberger die schöne und neue schwarzrotgoldene Fahne der Tölzer, der Griesler. Das Gedicht eines Augenzeugen, des Flößersohnes Georg Heiss, hat uns diese Geschehnisse überliefert. So hat er sie aufgezeichnet:

I moan, es wird das G'scheida sein,
I theue enk eppas singa:
Wie d'Wackersberger pfiffen hab'n,
Und wie die Griesler springa.
Bei Tölz auf dem Studentenberg
Hots Leutel geb'n net wenig,
Und d'Beira hab'n a Musik gmacht,
Und dös a wunderschöni.
Es war das Fest für's deutsche Reich,
Und am August den achten,
Wo Griesler ihre Huldigung
Dem Reichsverweser brachten.
Es ist dahin schon finster wor'n,
Da Mond hat g'schiena prächtig,
Dö Griesler ihra Vivatschrein,
Dös hört ma rum weit mächtig.
Der Heiss hätt gern a Anred gmacht,
War ganz darauf versessen,
Und hat vor lauter Nachstudiern
Aufs Trinken halb vergessen.
Da fallt dö Wackersberger ein,

Gebirgsschützen-Kompanie
BENEDIKTBEUERN
Schützen

Das Ding ist nöt zum Lacha:
Die Griesler wollen uns heut fein
A Katzenmusik macha.
Und einer hat dem andern g'sagt,
Dös leiden wir nit länga,
Dö san nit mit der Schneid dahoam,
Dö woll'n wir glei versprenga.
Wie Griesler 's Bier habn trunka g'habt
Bis auf an halben Eima,
San Stoana, groß als wie a Faust,
Vom Holz her g'flogen kömma.
Und kracht hat's, grad als wie der Blitz
San d'Stopsel aussi pfiffa,
Da hat natürli jeder glei
Nach seinem Maßkrug griffa.
D'rauf stürzens mit dö Knittel raus:
Fort ist der deutsche Fahna
Der Jäga ist im offnen Feld
Halb wie verzweifelt gstana.
Da Heiss, der fangt's Alarmen an:
Wo hob i denn mein Stutzen?
Den Bauern woll'n wir do schon
Die Hütel abaputzen.
Der Schilk, der schreit dir: »Halts enk z'samm,
Und seids ma koane Schneida,
Dös is an Schand fürs deutsche Reich!«
Zur Niederlag kimmt's leida!
Denn alles macht sich aus dem Staub,
Auf s'letzt sogar da Höcha,
Hättst mit dem größten Spektativ
Koan Griesler nimma g'seha.
Is nit das Allerschöna:
Wie iazt die Deutschen oani san,
Und wie's anand verstehna.

Die hohe Obrigkeit hat angesichts dieser reaktionären Revolution Militär zu Hilfe gerufen, und vier Tage später, am 12. August 1848, rückt eine starke Abteilung des königlichen 1. Infanterieregiments König an, um die Ortschaften Wackersberg, Lenggries und Gaißach zu besetzen. In Tölz nehmen die gerichtlichen Verhöre kein Ende, aber die schwarzrotgoldene Fahne der Tölzer bleibt fest in und unter der Hand der Wackersberger Schützen. Erst auf den Tag hundert Jahre später, am 8. August 1948, geben die Wackersberger Schützen den Tölzern ihre Fahne in einer versöhnenden Feier für ihr Heimatmuseum zurück.

Der Ruf des Jahres 1848 nach Freiheit ist bis in die hintersten Gebirgstäler vorgedrungen, doch verstehen auch die Menschen jener Tage unter Freiheit nicht immer das gleiche. So legen sich die Gebirgsschützen des Leitzachtales einen sehr persönlichen Begriff von Freiheit zurecht. Diese Vorstellung mag dadurch beflügelt werden, daß man nicht nur ganz offiziell sogar Waffen tragen darf, sondern sogar tragen muß.

Und zu was hat ein Gebirgsschütz eine Waffe? — Zum Wildern!

Im Oktober 1848 wird am Seeberg, Wendelstein und Traiten in Rotten von 15 bis 16 Mann gewildert. Bei einem Bauern in der Zell liegt der ganze Keller voll Hirsche.

Die königliche Gendarmerie kriegt Wind, kann einen der wildernden Gebirgsschützen verhaften und pflichtgetreu beim Landgericht in Miesbach abliefern. — Der Verhaftete aber ist »Lieutenant« bei der Gebirgsschützenkompanie Bayrischzell.

Daraufhin geht der Gemeindevorsteher zum Landgericht und fordert die sofortige Freilassung. Als er auf taube Ohren stößt, droht er unverhohlen, wenn er den Gefangenen nicht frei und sofort nach Hause bringe, könne er für nichts mehr garantieren. Man bleibt im Landgericht standhaft, und der Bürgermeister kann gehen. Um aber unkontrollierbaren Reaktionen von vornherein zu begegnen, schreibt der Rechtspraktikant Böck in Miesbach — selbst Lieutenant — eine Versammlung der Gebirgsschützen für den nächsten Tag, den 30. Oktober aus.

Von allen Seiten kommen die Gebirgsschützen mit ihren Offizieren nach Miesbach. Alle sind bewaffnet, denn es soll eine Offizierswahl und ein Scheibenschießen stattfinden. Aufgebracht, die brennende Zigarre in der Hand, tritt der Oberleutnant der Bayrischzeller Gebirgsschützen vor den Landrichter Knon und fordert die Freilassung des festgenommenen Lieutenants. Der Landrichter weigert sich und weist ihm die Tür.
Daraufhin rotten sich etwa zweihundert Gebirgsschützen zusammen und ziehen zur Fronfeste, um den Gefangenen zu befreien. Nun erscheint der Landrichter Knon in voller Uniform auf den Stufen der Fronfeste und donnert die Schützen an, sie sollen im Namen des Gesetzes und im Namen des Königs auseinandergehen. Er macht das sehr eindrucksvoll. Er reißt die Brust der Uniform auf und schleudert ihnen entgegen, sie könnten ihn ja niederschießen, denn nur über seine Leiche können sie in die Fronfeste eindringen.
Der zweite Landrichter Schmid versucht die aufgebrachten Schützen zu beruhigen, aber erst der Hauptmann der Fischbachauer Gebirgsschützen rettet die Situation. Er besetzt mit seinen Gebirgsschützen das Tor zur Fronfeste und droht, jeden niederzuschießen, der versucht, hier gewaltsam einzudringen. — Da gehen die anderen unwillig auseinander.
Nach den Aufregungen des Achtundvierzigerjahres gibt es repräsentative Aufgaben für die Schützen. Die Begleitung des Allerheiligsten bei Prozessionen zum Beispiel oder die Beteiligung an vaterländischen Festen. So ist ein Schreiben des »Commandos der Gebirgsschützenabteilung Prien« vom 11. August 1849 erhalten, in dem sämtliche Gebirgsschützen aufgerufen werden, sich am 12. August früh einhalb acht Uhr zu sammeln. Gemäß einem geistlichen Auftrag haben sie sich an die Gebirgsschützenkompanie Niederaschau anzuschließen. Adolf von Bomhard hat darüber in der Chronik von Prien geschrieben. Die Priener Schützen haben zusammen mit der Niederaschauer Kompanie ». . . bei der feierlich abzuhaltenden Feldmesse und darauffolgenden Verteilung

der Denkzeichen an die in den Feldzügen von 1790 bis 1812 gedienten Veteranen paradiert. Jeder Wehrmann hatte in voller Montour mit Stutzen und Dienstzeichen versehen ›unausbleiblich‹ zu erscheinen. Er mußte den Einberufungsbefehl persönlich unterzeichnen. Diese Order ist unterzeichnet von Leutnant Estermann in Abwesenheit des Oberleutnants Rothdauscher. Es handelt sich bei ersterem um den Oberwirt Stefan Estermann, der mit Patent vom 14. September 1848 im Namen Seiner Majestät des Königs — unterzeichnet von Herzog Maximilian in Bayern — zum ›Unterlieutenant im Landwehrgebirgsschützenzuge Prien‹ ernannt worden war. Dieser Stefan Estermann wurde mit einem weiteren, erhalten gebliebenen Patent vom 14. Jänner 1855 zum Oberlieutenant in der ›Gebirgsschützenabteilung Prien des Landwehr-Bataillons Rosenheim‹ ernannt . . .«

Diese Urkunden überliefern uns genau die Bezeichnung für unsere Gebirgsschützenkompanien, und außerdem ist ihre Zugehörigkeit zur königlichen Landwehr deutlich zu ersehen.

Es ist übrigens interessant, daß man zu einer gründlichen Ausbildung der Gebirgsschützen eigens Chargen des aktiven Heeres abstellt. So ist zum Beispiel überliefert, daß der Feldwebel Sebastian Kochbauer von der Garnisons-Kompanie Nymphenburg im Jahr 1849 für einige Monate nach Miesbach abkommandiert wird, um von dort aus Gebirgsschützenkompanien zu besuchen und einzuexerzieren.

Als nach 1848 die Zeiten wieder ruhiger werden, klingt auch im Miesbacher Bezirk die Welle der Begeisterung wieder ab. So manche Schützenkompanie löst sich auf. Als man das Jahr 1850 schreibt, gibt es dort noch ganze sechs Gebirgsschützenkompanien, nämlich die von Bayrischzell, Fischbachau, Hundham, Niklasreuth, Parsberg und Schliersee.

Nachdem der Markt Miesbach selbst eine reguläre Landwehr hat, der Hang zum Gebirgsschützenwesen unter den Miesbachern aber doch so verbreitet ist, daß zum Beispiel im Jahr 1850 einundzwanzig Gebirgsschützen von Miesbach Mitglieder der Parsber-

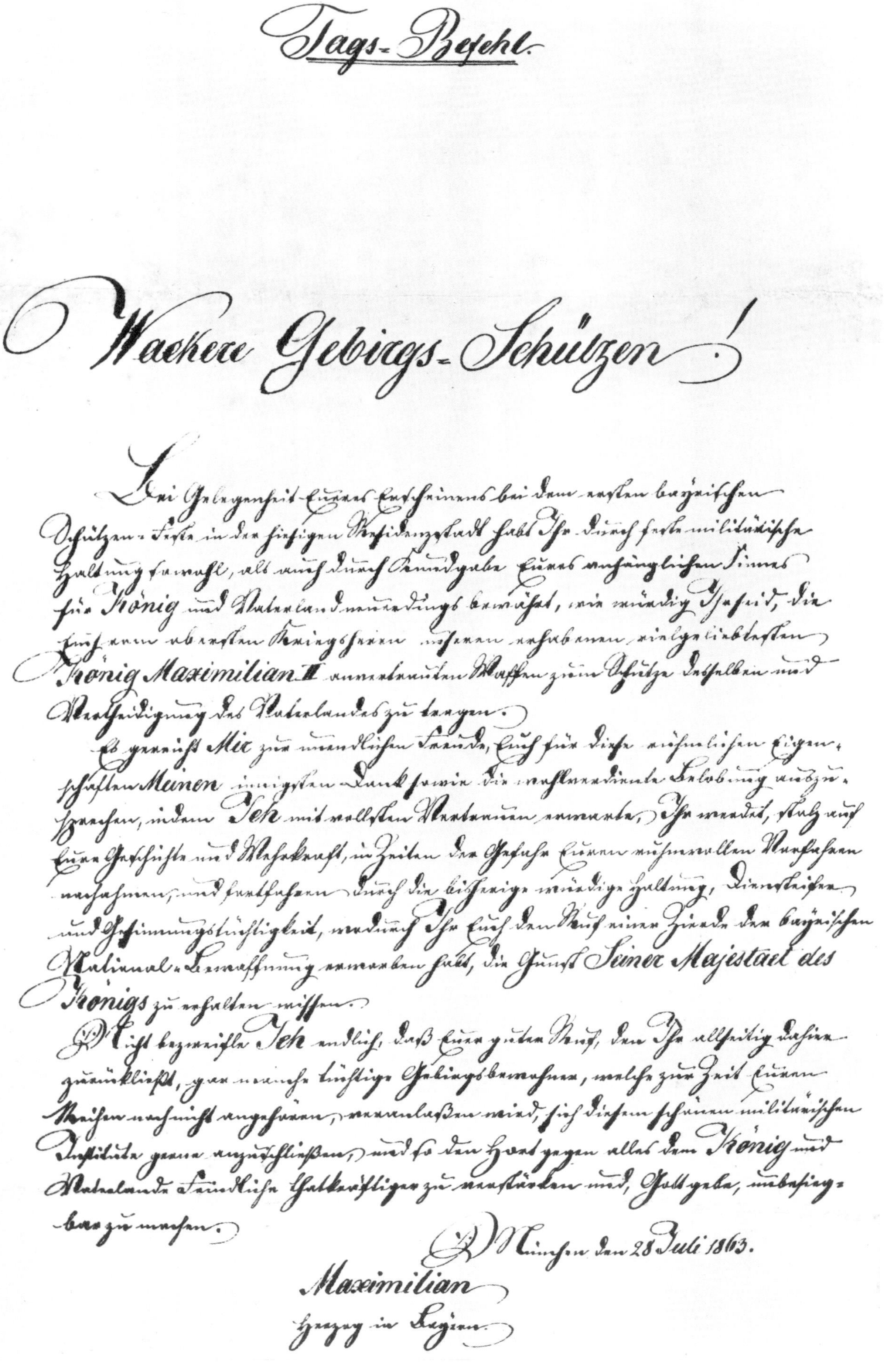

Tags-Befehl.

Wackere Gebirgs-Schützen!

Bei Gelegenheit Eures Erscheinens bei dem ersten bayerischen Schützen-Feste in der hiesigen Residenzstadt habt Ihr durch feste militärische Haltung sowohl, als auch durch Kundgabe Eures anhänglichen Sinnes für König und Vaterland neuerdings bewährt, wie würdig Ihr seid, die Euch von dem obersten Kriegsherrn unserem erhabenen vielgeliebten König Maximilian II anvertrauten Waffen zum Schutze Desselben und Vertheidigung des Vaterlandes zu tragen.

Es gereicht Mir zu wahrer Freude, Euch für diese rühmlichen Eigenschaften Meinen innigsten Dank sowie die anerkennende Belobung auszusprechen, indem Ich mit vollstem Vertrauen erwarte, Ihr werdet, stolz auf Eure Geschichte und Wehrkraft, in Zeiten der Gefahr Euren ruhmvollen Vorfahren nachahmen, und fortfahren durch die bisherige würdige Haltung, dienstlichen und Schießübungs-Tüchtigkeit, wodurch Ihr Euch den Ruf einer Zierde der bayerischen National-Bewaffnung erworben habt, die Gunst Seiner Majestaet des Königs zu erhalten wissen.

Nicht bezweifle Ich endlich, daß Euer guter Ruf, den Ihr allseitig dahin zurückbringt, gar manche lustige Gebirgsbewohner, welche zur Zeit Euren Reihen noch nicht angehören, veranlassen wird, sich diesem schönen militärischen Institute gerne anzuschließen, und so den Hort gegen alles dem König und Vaterlande Feindliche gehaltvoller zu verstärken und, Gott gebe, unbesiegbar zu machen.

München den 28 Juli 1863.

Maximilian
Herzog in Bayern

Tagesbefehl von Maximilian Herzog in Bayern, Kommandeur der Landwehr des Isarkreises, 1863

ger Kompanie sind, stellt das Bürgermilitär Miesbach wieder einmal den Antrag, anstelle der »Füsilier-Kompagnie« eine »Landwehr-Schützen-Kompagnie« aufstellen zu dürfen; schließlich habe sie von alters her in Miesbach Tradition. Aber wieder wird die Bitte vom königlichen Kreis-Kommando abgelehnt.
». . . Da die zur Zeit bestehenden Landwehr-Schützenkompanien, nicht ausgenommen das Landwehr-Jäger-Bataillon München, seit einer Reihe von Jahren keinen anderen Dienst zu leisten und keine andere Waffenübung vorzunehmen haben, als jene nur in geschlossener Ordnung, wie die übrigen Füsilier-Kompagnien, und der Unterschied deshalb nur in Uniformierung mit grünen Kragen und schwarzen Buschen besteht, und dieser einzige, nur in der manchem Auge angenehmen Uniformierung bestehende Unterschied, namentlich bei den übrigen Füselier-Kompagnien viel Veranlassung zu Eifersüchteleien und Dissidien zwischen den letzteren und den Schützenkompagnien gibt, so ist man allerhöchsten Ortes nicht nur nicht gewillt, die Schützen-Kompagnien in der Landwehr zu vermehren, sondern wenn möglich auf ihre Beseitigung allmählich hinzuwirken, weshalb sich das kgl. Landwehr-Kreiskommando um so mehr verpflichtet hält, die Bitte der Füselier-Kompagnien Miesbach ebenso, als wie der gleichfalls von einigen anderen Landwehr-Abteilungen erst kürzlich gestellten ähnlichen Gesuche, die Genehmigung zu versagen, als durch mehr oder minder kostspielige Abänderung der Uniformierung und Armatur für die Landwehr-Angehörigen überflüssige Kosten erwachsen, welche in Anbetracht der Zwecklosigkeit nicht gerechtfertigt werden können, indem von der Allerhöchsten Stelle den höheren Landwehr-Aufsichtsbehörden jede Vermeidung von Belästigung der Landwehr-Angehörigen durch irgendwelche besondere Ausgaben zur Aufgabe gemacht ist . . .«

Diese Entschließung bezieht sich natürlich nur auf die Landwehr-Schützen-Kompanien und nicht auf die der Gebirgsschützen. In Holzkirchen zum Beispiel gibt es eine Landwehrschützenkompanie, der man mit geringem Interesse begegnet. Auch vom Exerzieren hält man recht wenig. So fällt diese Landwehrschützenkompanie einer Verfügung des königlichen Kreis-Kommandos vom 9. April 1852 zum Opfer. Das betreffende Schreiben ist recht aufschlußreich für die Verhältnisse jener Zeit.

»... Durch die am 10. Oktober 1849 durch das königliche Staatsministerium des Innern erfolgte abschlägige Entschließung auf den gestellten Antrag, bei der Landwehr-Schützenkompanie Holzkirchen die gebotene Aktivität einzuführen, wurde bei dem größten Teil der Landwehrmänner dieser Kompagnie, da ein freiwilliger Zugang von sich neu Ansässigmachenden nicht mehr bewirkt werden konnte, eine solche Teilnahmslosigkeit für die übernommenen Pflichten herbeigeführt, daß nicht nur seit dieser Zeit keine Exerzierübungen mehr vorgenommen werden konnten, sondern auch die für die Landwehr anbefohlenen Kirchenparaden an den allerhöchsten Namens- und Geburtsfesten abzuhalten unterlassen werden mußten, zu dem auch die dieser Kompagnie gestattete Uniform durch den täglichen Gebrauch bei den noch Eingereihten gänzlich abgenützt war. Eine von 23 Landwehr-Angehörigen unterm 13. November 1851, demnach der Minderzahl der Kompagnie, da dieselbe laut Standausweis vom 10. Februar gleichen Jahres noch 74 Köpfe stark war, wiederholte Bitte um Einführung der gebotenen Aktivität, da nur dadurch allein diese Mißstände beseitigt werden könnten, wurde ... abschlägig verbeschieden. In Erwägung dieser Umstände und in Anbetracht der geringen Zahl des dermaligen dienstunfähigen Standes der Landwehr-Schützen-Kompagnie Holzkirchen wird die ›Auflösung dieser Kompagnie‹ angeordnet und das königliche Landwehr-Bataillon Miesbach mit dem Vollzug dieser Auflösung beauftragt ...«

Dazu allerdings kriegen die Holzkirchner Schützen doch noch ein Trostpflaster. Es wird ihnen »das besondere landesväterliche

Wohlwollen und die allerhöchste Zufriedenheit« kundgetan, »... da diese Kompagnie schon als Landwehr-Freikorps zum Schutze der Gesetze und zur Aufrechterhaltung der Ordnung für König und Vaterland die Waffen ergriffen und für die gute Sache ersprießliche Dienste geleistet hat«.

Übrigens findet der »teutsche« Traum, soweit er in den Gebirgstälern überhaupt je geträumt wurde, auch äußerlich sichtbar ein Ende. Am 24. April 1851 befiehlt nämlich ein ministerieller Erlaß die schwarzrotgoldene, die deutsche Kokarde abzulegen, ebenso die deutschen Fahnen- und Standartenbänder. Von Auflösungen betroffen sind zwar einige Landwehrformationen und die Freikorps, die neben der Landwehr aufgestellt waren — sie werden zu Anfang des Jahres 1851 durch eine königliche Verordnung untersagt —, die Gebirgsschützenkompanien jedoch nicht; sie und das Freikorps zu Berchtesgaden dürfen weiter bestehen.
Man ist trotzdem um ihre weitere Ausbildung besorgt.
Zielsichere Schützen sollen ausgebildet werden. Aus diesem Grund sorgt man von allerhöchster Stelle für die sogenannten Schützenvorteile. Sie sollen den Ehrgeiz steigern, denn sie werden zu eigenen Preisschießen verwendet. So erhalten die Kompanien des Miesbacher Bezirks Jahr für Jahr zwischen 1849 bis 1869 zunächst 10 bis 20 Gulden, später dann 15 bis 25 Gulden.
Von der Gebirgsschützen-Kompanie Parsberg-Miesbach gibt es sogar noch eine Einladung zu ihrem ersten Scheibenschießen im Jahr 1849. Und auch sie ist ein Stück Volkskunde.
»... Von der kgl. Regierung von Oberbayern wurde für die Kompagnie Parsberg ein Schützen-Vortal von 20 fl. bewilligt, welche zur Einübung im Schießen auf folgende Art verwendet werden:
I. Fahne,
II. Fahne,
III. Fahne (Schneiderfahne).
1. Die III. Fahne erhält derjenige, welcher auf die ersten 12 Schuss die wenigsten Kreise zählt.

Gebirgsschützen-Kompanie
GOTZING
Schützen und Tambour

2. Jeder Schütze dieser Kompagnie muß 12 Schuss tun; kann aber auch keiner mehr als 20 Schuss machen, auch kann ein jeder nur eine Fahne gewinnen.
3. Geübte Schützen ziehen um $^{1}/_{4}$ weniger.
4. Abgezogen wird nach Kreisen, vor dem, nach Abzug der Unkosten gebliebenen Reste.
5. Zur Ausscheidung der geübten Schützen werden 2 Offiziere, 2 Unteroffiziere und 2 Gemeine ernannt.
6. Das Schießen beginnt Sonntag 12 Uhr bis es dunkel ist, und Montag 12 Uhr bis Abends Schlag 5 Uhr.
7. Jeder Schütze, der ohne ganz wichtige Ursache die 12 Schuss nicht tut, hat 24 kr. Strafe zu bezahlen und diese 12 Schuss unnachsichtlich nachzutun; wer eine wichtige Ursache hat, dem ist die Strafe erlassen, bis auf die bezeichneten 12 Schuss.
Parsberg, den 24. Oktober 1849.
Das Königl. Gebirgsschützen-Kompagnie-Kommando Parsberg-Miesbach.

Kinshofer, Hauptmann.

Diese Einladung ist nur Beispiel für viele Schießen bei anderen Schützenkompanien. Und überall wird im Freien geschossen: der Stand für den Schützen laub- und girlandengeschmückt, draußen vor dem Hang auf einem Pfosten, oder vor einem hölzernen Kasten die Scheibe, dann der Zieler im Kasperlgewand, der die Schüsse aufzeigt, und draußen auf der Seite der Böllerschütz, der jedesmal mit seiner brennenden Lunte den Böllerschuß löst, wenn ein Schütz das Blattl oder das Mittel getroffen hat.
Solche Scheibenschießen sind in jener Zeit große Mode. Die Chronik der Aschauer Gebirgsschützen verzeichnet, daß die Kompanie im Jahre 1850 ein großes Festschießen hat ausrichten müssen, das der Herzog Max für die Gebirgsschützenkompanien und die Landwehrbrigaden von Miesbach, Prien, Reichenhall und Rosenheim gegeben hat.
Man überläßt diesmal die Gebirgsschützenkompanien nicht sich

selber. Sie werden regelrecht ausgebildet und sogar inspiziert, manchmal sogar von Seiner Königlichen Hoheit, Herzog Maximilian in Bayern, höchst persönlich. So exerzieren zum Beispiel am 30. Juni 1849 die Gebirgsschützen von Parsberg vor dem Herzog, ihrem Kreiskommandanten, am 15. Mai 1850 die Gebirgsschützen in Schliersee und Fischbachau und einen Tag später die Kompanien von Hundham und Niklasreuth. Später werden sie, in Vertretung des Herzogs, durch den Bezirksinspektor Maximilian Freiherr von Vequel-Westernach auf Hohenkammer inspiziert.

Noch 1850 übrigens gibt auch König Max II. den Auftrag, die Aktivität der Landwehren neu zu beleben. Er fordert von den Landgerichten Berichte an, ob die alten Schützenkompanien verstärkt, ob neue Schützen- oder Füsilierkompanien gegründet werden sollen. Und so berichtet das Landgericht Prien, wie Adolf von Bomhard schreibt, ». . . unter dem 24. Januar 1851, daß die Zahl aller Wehrtüchtigen im Landgericht 595 Mann betrage und daß zur Zeit eine Gebirgsschützenkompanie in Aschau mit 66 Mann und eine Gebirgsschützenabteilung in Prien mit 42 Mann bestehe. Der Landgerichtsvorstand Gigl machte in seinem Bericht zwei Organisationsvorschläge zur Gliederung der Gebirgsschützenkompagnien. Der eine Vorschlag sah fünf Gebirgsschützenkompagnien vor und zwar Hohenaschau mit 145, Frasdorf mit 122, Bernau mit 98, Prien mit 99 und Mauerkirchen mit 80 Mann. Der zweite Vorschlag sah nur 4 Gebirgsschützenkompagnien vor und zwar Hohenaschau mit 145, Frasdorf mit 142, Prien mit 143 und Mauerkirchen mit 114 Mann. Jede Kompagnie sollte den Bereich von drei bis vier Gemeinden umfassen . . . – Während in Aschau und Prien geeignete Schießstätten vorhanden seien, zu deren Benutzung die Gebirgsschützenkompagnie jeweils einen Gulden dreissig Kreuzer Entschädigung an die Schützengesellschaft zu bezahlen hätte, wird für Frasdorf und Mauerkirchen von der Möglichkeit der Errichtung einer Schiessanlage um etwa 35 Gulden berichtet, wobei das übrige der örtliche Wirt zuschiesse.

Nur in Bernau wird die Frage des Schießstandes als schwierig aber nicht unmöglich dargestellt.
Bezüglich der damaligen Uniform der Schützenkompagnien machte der Vorstand des Landgerichts folgende Vorschläge:
Gebirgsschützen: Graue Joppe mit grünen Aufschlägen und Revers, grüne, niedere, spitze Hüte mit Spielhahnfedern, graue Pantalons. Die Schützen führen Hirschfänger und tragen auf dem Rücken grüne, sogenannte Wochensäcke, der Gebirgsarbeiter. Kniehosen seien im Bezirk nicht üblich. Es würde auch keinen guten Eindruck machen, sie einzuführen. Es sei erwünscht, daß die Uniformierung der einheimischen Gebirgstracht angepaßt und im Priener Bezirk es bei der bisherigen ... Uniform belassen werde.«
Zu der Anregung höhererseits, graue Hüte einzuführen, berichtet Gigl, daß diese ungewöhnlich seien; die langen Pantalons, die langen Hosen, würden im übrigen zur Werktagskleidung, von vielen auch zur Feiertagskleidung getragen.
Um bei der Chronik der Priener Gebirgsschützen zu bleiben, soll hier eine »Ordre« aus dem gleichen Jahr – vom 28. Februar 1851 – genannt sein. Sie zeigt, daß der Aufruf zum Dienst nicht nur von Mund zu Mund verkündet worden ist, sondern daß es dazu schriftliche Befehle gegeben hat. Das Schreiben, unterzeichnet von Oberleutnant Rothdauscher, sagt: »... die unten genannten Gebirgsschützen werden hiermit commandiert, ihren bisherigen Kameraden Michael Kleber, der heute verstorben ist, am Sonntag, den 2. März, nachmittag 4 Uhr, zu seiner Grabesruhe zu begleiten. Dem Herrn Lieutnant Estermann ist hiebei das Commando übertragen, bei dem sich die untergebene Mannschaft in ordonnanzmäßiger Stellung rechtzeitig einzufinden hat. Von der genannten Mannschaft sind als Träger ausersehen die Gebirgsschützen Stettner, Marx, Schader und Fischer. Die übrige Mannschaft gehört zur Begleitung ...« Der Landwehrdienst, ursprünglich bis zum 60. Lebensjahr Pflicht, muß ab 1854 nur mehr bis zum 55. Lebensjahr geleistet werden.

Es ist immer der gleiche Dienst in jenen Jahren: wenig Exerzieren, einige größere Reisemärsche mit anschließendem Schießen und Ausrücken zur Repräsentation. Als 1858 König Max II. auf seiner berühmten Fußreise von Lindau nach Berchtesgaden durch das bayerische Oberland kommt, paradieren auch die Gebirgsschützen. Und Wilhelm Heinrich Riehl, einer der Begleiter des Königs, ist besonders beeindruckt von den Spielleuten der Gebirgsschützen. Riehl hat nämlich über diese Reise Aufzeichnungen gemacht, auch über die Volksmusik, die er gehört hat: »... Auch an Instrumentalmusik fehlte es nicht. Hier gebührte den Schwegelpfeifen der Gebirgsschützen der Preis der Originalität, einem uralten, volkstümlichen Instrument, dessen Klangwirkung man erlebt haben muß und nicht beschreiben kann.«
Von nun an spielt das Scheibenschießen eine gewichtigere Rolle. Dabei soll hier nur noch die Teilnahme der Gebirgsschützen beim »1. bayerischen Schützenfest« 1863 in München genannt werden. Die Gebirgsschützenkompanien scheinen von der Haupt- und Residenzstadt einen großen Eindruck mitgenommen und einen entsprechenden bei den Münchnern hinterlassen zu haben. Sonst hätte Herzog Max wohl kaum einen so begeisterten »Tagesbefehl« ausgegeben. Auch er ist ein Zeitdokument, wenngleich er weniger sachliche Aussagen als vielmehr Stimmungen und den Stil jener Zeit vermittelt.
»Wackere Gebirgs-Schützen!
Bei Gelegenheit Eueres Erscheinens bei dem ersten bayerischen Schützenfeste in der hiesigen Haupt- und Residenzstadt habt Ihr durch feste militärische Haltung sowohl, als auch durch Kundgabe Eures anhänglichen Sinnes für König und Vaterland neuerdings bewährt, wie würdig Ihr seid, die Euch vom obersten Kriegsherrn, unseren erhabenen, vielgeliebtesten König Maximilian II. anvertrauten Waffen zum Schutze desselben und Verteidigung des Vaterlandes zu tragen.
Es gereicht Mir zur unendlichen Freude, Euch für diese rühmlichen Eigenschaften Meinen innigsten Dank sowie die wohlver-

diente Belobung auszusprechen, indem Ich mit vollstem Vertrauen erwarte, Ihr werdet stolz auf Euere Geschichte und Wehrkraft, in Zeiten der Gefahr Euren ruhmvollen Vorfahren nachahmen und fortfahren durch die bisherige würdige Haltung, Diensteifer und Gesinnungstüchtigkeit, wodurch Ihr Euch den Ruf einer Zierde der bayerischen National-Bewaffnung erworben habt, die Gunst Seiner Majestät des Königs zu erhalten wissen.
Nicht bezweifle Ich endlich, daß Euer guter Ruf, den Ihr allseitig dahier zurückließet, gar manche tüchtige Gebirgsbewohner, welche zur Zeit Eueren Reihen noch nicht angehören, veranlaßt, sich diesem schönen militärischen Institute gerne anzuschließen, und so den Hort gegen alles dem König und Vaterlande Feindliche tatkräftiger zu verstärken und, Gott gebe, unbesiegbar zu machen.
München, den 28. Juli 1863

Maximilian Herzog in Bayern«

Von Schützenkönigen und wohlrenommierten Gebirgsschützen

Wenn man von Schützen erzählt, dann muß man auch die Schützenkönige aus den Reihen der Gebirgsschützen erwähnen. Da hat der Feilenhauer Groschopf von Tölz 1743 in München den ersten von Kurfürst Karl Albrecht ausgesetzten Preis von tausend Gulden gewonnen, durch einen Prellschuß, der den Punkt aus der Scheibe herausgerissen hat – und da haben ihn natürlich die Gebirgsschützen mit Musik und Jubel heimbegleitet. Auch der Drechsler Anderl war ein gewaltiger, wohlrenommierter Schütze. Auf freiem Feld bei Bairawies hat er noch einen Luchs niedergestreckt, und auf dem Oktoberfest hat er mehr als einmal erfolgreich auf den Adler auf dem Baum geschossen. Drei Söhne hat der Drechsler Anderl gehabt, und er hat sie auf die Namen der

Heiligen Drei Könige getauft. Der Melchior war ertrunken in einem gefährlichen Gumpen, und der Kaspar – der Kaspar Riesch – hat den Ruf der bayerischen Gebirgsschützen bis nach Augsburg getragen. Kaspar war Brunnmeister an der Jodquelle am Blomberg gewesen – und da er mit Professor Johann Nepomuk Sepp auf der Schulbank gesessen ist, erfährt man diese Geschichte sozusagen aus erster Hand.

»... Einmal fällt es ihm ein, auf Augsburg zu reisen, um es mit den Schwaben aufzunehmen. Aber wie es nur so sein will: hat er den Schießstand nicht gekannt oder einen unglücklichen Tag gehabt? Obwohl ganz nüchtern, hat er wiederholt die Scheibe gefehlt und der Zieler ihn ausgelacht. ›Heut' hat's schon der Deifl g'sehn!‹ flucht der Kaspar ... ›meinst i bin auf a Irrwurz treten, oder es ist mir so eine alte Hex in aller Fruah begegnet.‹ Da ist den Augsburger Schützen der Kamm ... geschwollen: wie wär's sagt einer, wenn wir heute dem Bergschützen seine Federn runter thäten! ... Jetzt ging das Spiel um goldene Pfennige an. Auf einmal dreht der Kaspar sein Hütel und trifft gerade den Punkt. Einmal ist keinmal, denken die Schwäbischen Schützen, und ehrenhalber schiessen sie aufs neue ihre Goldfüchse in die Bank ... mein Kaspar war auf einmal wie ausgewechselt, das Glück laßt ihn gar nimmer aus: Jeder Schuß trifft ins Schwarze und kaum hat's gekracht, so thut der Zieler schon sein Juchzer und steigt der Hanswurst an der Scheibe auf. Der Drechslersohn zieht nach jedem Treffer die Goldstückel an sich, setzt aber wieder eines hinein, und aus Scham folgen die anderen Preisbewerber nach. So geht es den Nachmittag fort: Da haben die Mitbewerber Augen gemacht und eingesehen, daß er sie anfänglich nur gefoppt hat. Der erste Preis und das schönste Schützenfähnlein ist ihm nicht ausgekommen, auch hat er seinen Geldbeutel ordentlich gespickt. Wie's aber zum Abschied kommen ist, tritt der Wirth hervor und spricht: › Da mach ich keine Zech. So einen Schützen laß ich nicht fortgeh'n, Kutscher, spann ein!‹ und der Kaspar fährt flott als Schützenkönig im Triumph unter allgemeinem Vivat davon.«

Und Professor Sepp kann noch von einem im Isarwinkel »hochangesehenen« Gebirgsschützen erzählen, für den die Anrede, mit der König Ludwig I. seinerzeit die Gebirgsschützen angesprochen hat — »Meine lieben Wildschützen« —, zutrifft. »... beim Festaufzug zur siebenten Säkularfeier der Gründung von München 1858 hat Hans Demmel von Längriß als Schmied von Kochel allgemeines Aufsehen erregt. Wohl suchte der gewaltige Mann seines Gleichen: Alles an ihm war bärenmäßig; es kam ihm nicht darauf an, ein Hemd von dem gröbsten Werg zu tragen, übrigens hielt er seine wild-haarige Brust selbst im Winter offen. Daß er mitunter auch wilderte, versteht sich von selbst; einmal wurde er mit noch zweien von den Jägern überrascht, wie er eben einen Hirsch auszwirchte. ›Soll ich nicht schiessen!‹ rief der eine. Um Gotteswillen, thu es nicht‹, sprach der Demmel. Das Wort half ihm hinaus, da er vors Schwurgericht nach München kam, dafür wurde er als Schützenkönig angestaunt.«

Von 1866 bis zur Auflösung der Gebirgsschützenkompanien

Am 23. Februar 1861 richtet das königliche Staatsministerium des Innern eine Anfrage an das königliche Kriegsministerium, ob man es dort im Hinblick auf die politische Lage für notwendig halte, die Landwehrpflichtigen an der Grenze nach Tirol und Vorarlberg zum aktiven Landwehrdienst einzuberufen und ob es nicht wünschenswert wäre, sie in Scharfschützen-Kompanien zu gliedern.
Das Kriegsministerium ist mit dem Vorschlag einverstanden, es stellt sogar mit Nachdruck fest, daß mit der Bildung von Scharfschützen-Kompanien in den betreffenden Landgerichtsbezirken gar nicht früh genug begonnen werden könne, wenn daraus taugliche Formationen werden sollen. Die Begeisterung für die Ge-

birgsschützen scheint doch etwas nachgelassen zu haben. Hat der sogenannte ›Standausweis‹ der oberbayerischen Gebirgsschützen 1851 noch 851 Mann betragen, so waren es 1861 nur noch 651.

Die Bildung dieser »Landwehr-Scharfschützen-Kompagnien« im Oberland ist zunächst nur auf dem Papier beschlossen. Im Jahr 1866 sollen sie dann jedoch mit einem Mal einsatzbereit sein. Am 9. Juli wird verordnet, daß die Landwehr in den oberbayerischen Bezirksämtern Berchtesgaden, Traunstein, Rosenheim, Miesbach und Tölz, Werdenfels und Schongau aktiven Dienst machen und daß dort, wo solche noch nicht bestehen, dieser Dienst in Formationen von Scharfschützen-Bataillonen und Kompanien angetreten werden müsse. Das gleiche gilt übrigens für die schwäbischen Bezirksämter entlang der tirolerisch-vorarlbergischen Grenze zwischen Lindau und Füssen.
Die noch bestehenden Gebirgsschützenkompanien sind dem jeweiligen Landwehr-Scharfschützen-Bataillon des Bezirks zuzuteilen. Die Landwehr-Scharfschützen erhalten die gleiche Uniformierung, wie sie den Gebirgsschützen bewilligt ist: Eine graue Joppe mit stehendem grünen Kragen. Die Rangabzeichen sind beidseitig am Kragen angebracht nach dem Vorbild der Armee und der Landwehr. Die Borten sind für Gebirgs- und Scharf-Schützenoffiziere gold, für Unteroffiziere gelbwollen. Am linken Oberarm ist eine weiß-blaue Binde zu tragen. Der Hut ist ebenfalls gleich dem der Gebirgsschützen, auf ihn gesteckt wird eine bayerische Kokarde. Der »Bergsack« ist über die Schulter zu hängen, je nach Bedarf sind an ihm die Steigeisen aufzubinden. Die Offiziere tragen an einer um den Leib geschnallten schwarzledernen Kuppel den Landwehr-Infanterie-Offizierssäbel oder einen Hirschfänger mit dem Landwehr-Offiziers-Portépée.
Die Gebirgsschützen-Ordnung von 1848 wird auf die betroffenen schwäbischen Landgerichte ausgedehnt. Sie gilt auch für die neuformierten Scharfschützen-Kompanien.
In Oberbayern bestehen zu dieser Zeit noch folgende Gebirgs-

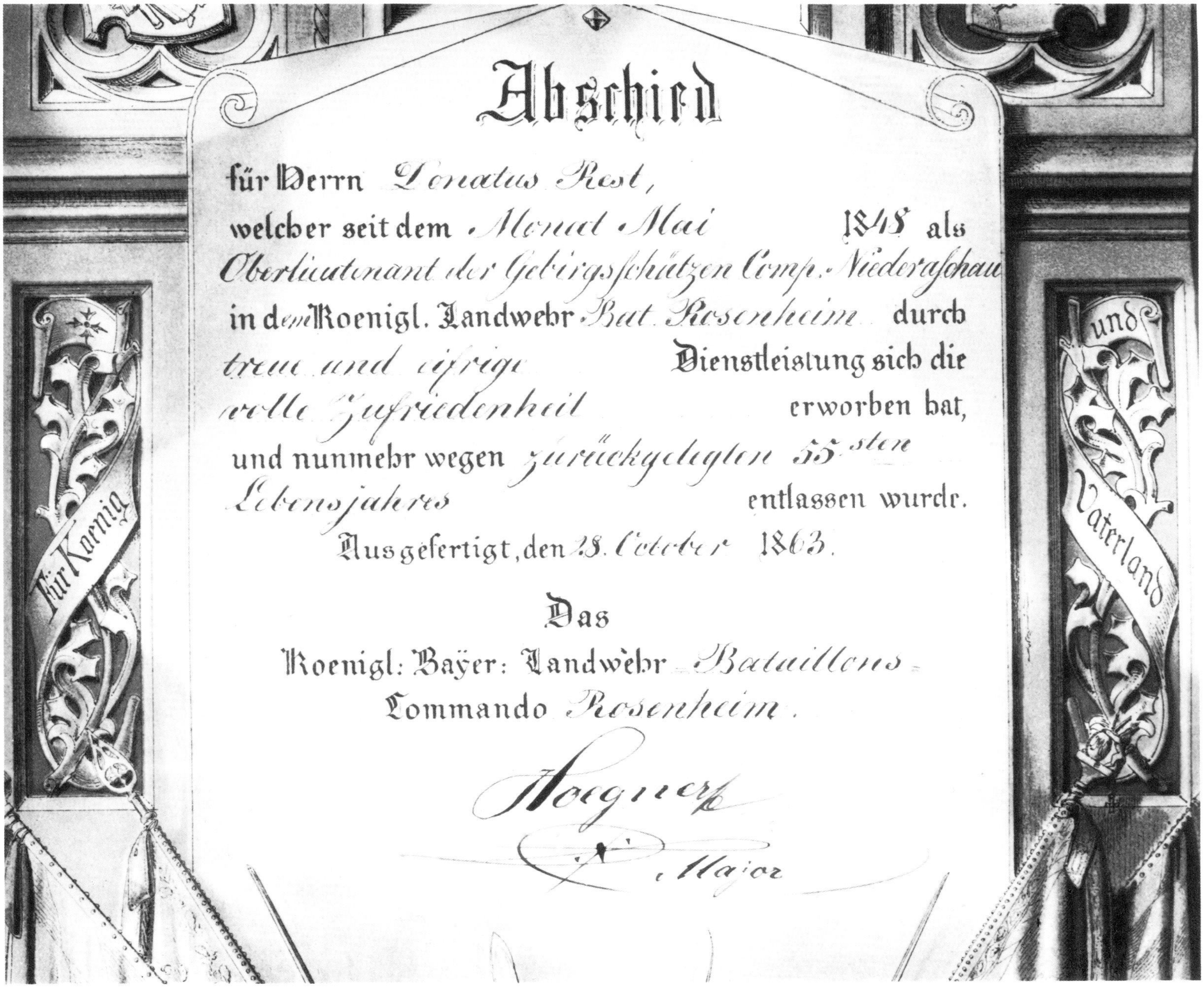

Abschied

für Herrn Donatus Rest,
welcher seit dem Monat Mai 1848 als
Oberlieutenant der Gebirgsschützen Comp. Niederaschau
in dem Koenigl. Landwehr Bat. Rosenheim durch
treue und eifrige Dienstleistung sich die
volle Zufriedenheit erworben hat,
und nunmehr wegen zurückgelegten 55sten
Lebensjahres entlassen wurde.

Ausgefertigt, den 18. October 1863.

Das
Koenigl: Bayer: Landwehr Bataillons-
Commando Rosenheim.

Hoegner
Major

Abschiedsurkunde für einen Gebirgsschützen-Offizier, 1863

schützen-Kompanien: Tegernsee, Gmund-Parsberg, Miesbach, Schliersee, Bayrischzell und Fischbachau, Hundham und Niklasreuth, Niederaschau und Prien. So manche Schützenkompanie hat sich selbst aufgelöst, wie die von Auerdorf – dem heutigen Oberaudorf –, die 29 Schützen gezählt hat. Daneben muß es im Isarwinkel zumindest die Schützenkompanien Wackersberg und Lenggries, wohl auch Gaißach geben, aber sie scheinen ein Leben neben der Landwehr zu führen.
Die Organisation der Scharfschützen-Kompanien liegt in den Händen des Regierungs- und Kreisbaurates Ruhland. Er überlegt sich auch, wie Gebirgsschützen und Scharfschützen schnell, zweckmäßig und gut ausgebildet werden könnten, und er entwirft für den ersten Unterricht eine »technische Instruktion«, die das Kriegsministerium ausdrücklich gutheißt.

»I. Wahl der Orte und Bestimmung der Zeit. Die Sammelplätze für die Waffenübungen einer Gebirgsschützen-Kompagnie bestimmt entweder der betreffende kgl. Revierförster oder der gegenwärtig schon patentisierte Hauptmann.
Zu diesen Waffenübungen können nur die Morgenstunden von 5–7 Uhr oder die Abendstunden zwischen 6 und 8 Uhr verwendet werden.
Länger als zwei Stunden dürfen dieselben nicht währen.

II. Formation und Disposition.
Sobald die Mannschaft, welche eine Kompagnie bilden soll, versammelt ist, wird dieselbe in einem Gliede aufgestellt und nach der Größe rangiert.
Hierauf werden die gedienten Leute, welche sich als Unteroffiziere eignen und verwenden lassen wollen, vorgerufen.
Finden sich keine solchen freiwillig, so wählt der Kommandant 8 Mann aus, welchen er sogleich durch einen Instruktor, der gegen Diätenbezug aus dem Zollschutzpersonal, der Gendarmerie oder

aus den Unteroffizieren der nächstgelegenen Landwehr-Garnison anzufordern ist, den ersten Unterricht erteilen läßt.
Dieser besteht an dem ersten Tage in der Stellung und in den Wendungen. Wenn die Unteroffiziere dies begriffen haben, übernimmt jeder derselben eine Abteilung von 6 bis 8 Mann von den Gebirgsschützen, welche er in der nämlichen Weise unterrichtet, was er soeben gelernt hat. Es kommt hiebei auf keine Tempos an, sondern es genügt, wenn auf das Kommando ›Rechts um!‹ alle Leute sich auf die rechte Seite und bei ›Links um!‹ auf die linke wenden.
In der letzten halben Stunde läßt der Kommandant die ganze Mannschaft antreten, zwei Glieder formieren, die Unteroffiziere ohne höhere Chargen eintreten und den Einzelunterricht von der ganzen Kompagnie wiederholen.
Zweiter Tag. Nachdem die Unteroffiziere schon vorher tüchtig eingeübt wurden, unterrichten dieselben ihre Abteilungen
im Marschieren,
in den Richtungen,
in den Handgriffen mit Picke und Büchse,
nämlich: bei Fuß, Schultern, Präsentieren, Hochnehmen.
Ladungsgriffe werden nicht gemacht, weil jeder Mann sein eigenes Kaliber führt und die Behandlung des Gewehres und das Feuern auf der Schießstätte hinreichend eingeübt hat.
Wie am ersten Tage, werden in der letzten halben Stunde die sämtlichen bisher erlernten Gegenstände von der ganzen Kompagnie eingeübt und wiederholt.
Am dritten Tage werden je zwei Abteilungen, also 16 Mann, zusammengestellt und aus derselben 1 Zug mit 2 Sektionen gebildet. Die Mannschaft wird im Schwenken der Züge und Sektionen, im Abbrechen und Aufmarschieren, im Front- und Flankenmarsch, im Feld- und Laufschritt unterrichtet und dies gleichfalls in der letzten halben Stunde von der ganzen Kompagnie eingeübt.
Am vierten Tage versammelt sich schon einige Stunden vor Be-

ginn der Waffenübungen die ganze Mannschaft in einem geeigneten Lokale, in welchem geschrieben werden kann, und es wird unter dem Vorsitze des Hauptmanns und eines Forstbeamten die definitive Wahl der Unteroffiziere und derjenigen Oberoffiziere, welche nicht zum Forstpersonal gehören, vorgenommen, nachdem sich schon hinreichend am Uebungsplatze und in Privatbesprechungen die Ueberzeugung gebildet haben wird, wer sich am besten zu einer Charge eignet. Ueber die Wahl wird ein Protokoll aufgenommen und dasselbe dem kgl. Forstamte zur Genehmigung und Besorgung der Patente vorgelegt. Hierauf wird die Kompagnie zusammengestellt und werden die gewählten Chargen eingeteilt, worauf die Uebungen in folgender Weise stattfinden:
Richtung rechts und links; Oeffnen und Schließen der Glieder;
Wendungen; Handgriffe;
Frontmarsch vor- und rückwärts;
Schwenken mit Zügen und Sektionen;
Abbrechen und Aufmarschieren;
Bildung der geschlossenen Kolonne;
Bajonett- und Picken-Angriff;
Verteidigungsstellung.
Am fünften und sechsten Tage werden diese Uebungen fortgesetzt und der Patrouillendienst eingeübt.
Die Zimmerleute werden durch einen tüchtigen Unteroffizier oder Oberoffizier im Herstellen von Notgeländern, Stegen, Notbrücken, schneller Fertigung eines Verhaues und Zerstörung desselben unterrichtet.
Am siebenten Tage (Sonntag) wird die Kompagnie vom kgl. Forstmeister oder dem Landwehr-Major des Bezirkes gemustert.
Am achten Tage tritt die Mannschaft in den Dienst.
Diejenige Mannschaft, welche nicht in den Dienst kommandiert wird, beginnt sogleich das Scheibenschießen, welches täglich abwechselnd und militärisch betrieben wird und den Unterricht im zerstreuten Gefechte, worüber eine besondere Instruktion erteilt werden wird.

Gebirgsschützenkompanie Wackersberg

III. Einteilung und Bewegung der Kompagnie.
Bestand. Eine Gebirgsschützen-Kompagnie besteht aus: 1 Hauptmann, 1 Oberlieutenant, 2 Unterlieutenants, 1 Oberjäger, 2 Sekondjägern, 4—6 Korporälen, 2 Spielleuten, 5 Zimmerleuten, 50—80 Gebirgsschützen.
Den Fourierdienst macht ein Sekondjäger oder ein Korporal.
Wo sich mehr als 100 Gebirgsschützen einfinden, werden aus denselben 2 Kompagnien formiert.
Abteilung. Die Kompagnie wird in zwei ganz gleiche Züge abgeteilt, bei ungleicher Rottenzahl wird der zweite der schwächere. Diese werden nach ihrer Stellung vom rechten zum linken Flügel als erster oder ungerader, dann als zweiter oder gerader Zug bezeichnet und so angerufen.
Jeder Zug wird in zwei Sektionen geteilt, Rotten und Sektionen werden zugsweise numeriert. Zu Flügelleuten der Züge und Sek-

tionen müssen geschickte Männer ausgewählt werden, ohne sich an der Rangierung nach der Größe zu binden.
Einteilung der Chargen. Der Kompagnie-Kommandant gibt das Kommando:
»Angetreten!«
Hierauf tritt augenblicklich allgemeine Stille ein, der Oberjäger verliest die Mannschaft, formiert zwei Glieder, welche unter sich einen Abstand von 3 Schuh halten und teilte die Züge und Sektionen ab und meldet dies dem Hauptmann.
Die sämtlichen Chargen haben sich inzwischen nach ihrer Rangordnung 6 Schritte vor der Kompagnie aufgestellt und wurden vom Hauptmann über die betreffenden Leistungen instruiert. — Sobald die Meldung des Oberjägers eingetroffen ist, kommandiert der Hauptmann »Eingetreten«, worauf sich alle Chargen an ihre Plätze begeben und die Offiziere die Säbel oder Hirschfänger ziehen.
Der Hauptmann wählt seinen Platz nach Belieben.
Der Oberlieutenant kommt auf den rechten Flügel des zweiten Zuges.

Der 1. Unterlieutenant hat seinen Platz am rechten Flügel der Kompagnie. Der 2. Unterlieutenant am linken.
Hinter den Offizieren stehen die Korporale 1, 2 und 3.
Der Oberjäger hat seinen Platz hinter der Mitte der Kompagnie mit 2 Schritt Abstand.
Der 1. Sekondjäger steht hinter der Mitte des 1. Zuges.
Der 2. Sekondjäger steht hinter der Mitte des 2. Zuges.
Die noch übrigen Korporäle stehen hinter der Mitte der betreffenden Sektionen und bilden mit dem Oberjäger und den Sekondjägern die Linie der Schließenden mit 2 Schritt Abstand.
Spiel- und Zimmerleute stehen bei geschlossenen Gliedern 8 Schritte hinter der Mitte der Kompagnie.
Wenn die Glieder geöffnet werden, begeben sich die Spielleute an den rechten Flügel im Abstand von 2 Schritten, die Zimmerleute

2 Schritte rechts von diesen, deren Kommandant befindet sich einen Schritt vor ihnen. Soweit die Aufstellung. Die weiteren Kommandos und Stellungen, Märsche usw. wurden ebenfalls eingehend geregelt, haben jedoch für hier weniger Interesse.«
Der Krieg von 1866 endet nach wenigen Wochen für Bayern unglücklich, noch ehe er für die Gebirgsschützen begonnen hat. 1868 dann erfolgt die Angleichung des bayerischen Heeres an das preußische. Es erscheint neben einer neuen Schießordnung eine Verordnung betreff der königlichen Landwehr »älterer Ordnung«. In ihr wird die Landwehr mit Wirkung vom 1. Januar 1870 aufgelöst. Mit diesem Tag kommt auch das Ende der Gebirgsschützenkompanien älterer Ordnung.

Auflösung und Wiedergründung der Gebirgsschützenkompanien

Die Schützenkompanie Prien wartet den 1. Januar 1870 gar nicht erst ab und beschließt bei einer Versammlung in Griebling bei Prien am 17. Mai 1868 die Auflösung. Die Aschauer Kompanie löst sich am 21. Dezember 1869 auf, die Schützen halten zwar noch Verbindung, aber das Letzte, was der Chronist zu berichten weiß, ist ein Festmahl, zu dem sie 1873 zusammenkommen. Manche Schützenkompanie bleibt bestehen, wie die von Lenggries zum Beispiel oder die von Wackersberg. Andere, wie die von Schliersee, werden vom Veteranenverein mit unterhalten. Viele lösen sich auf. Die Tegernseer rücken 1880 zum letztenmal geschlossen aus und senden dann noch zehn Jahre lang eine kleine Abordnung zur Prozession. Erst im 20. Jahrhundert entstehen sie von neuem, wohl im Zug wachsender Volkstumspflege, und dabei ist die Zweihundertjahrfeier der Sendlinger Bauernschlacht — 1905 — ein besonderer Anlaß. Bei der Enthüllung des Oberländerdenkmals in Waakirchen und beim Jubiläum in Sendling sieht man ihre Abordnungen zum erstenmal wieder und die Wackersberger sind damals bei ihrer Heimkehr, in der Heiligen Nacht, in geschlossener Formation zur Christmette in ihre Kirche einmarschiert.

1906 werden die Schlierseer wieder eine selbständige Kompanie. In Benediktbeuern stiften zwei noble Bürger, nämlich der Streidl Joseph und der Orterer Michael, 1907 ihren Schützen eine neue Uniform. In Tegernsee erneuert Josef Wackersberger mit 33 Gleichgesinnten die Schützenkompanie, und als man 1909 in Tegernsee die Hundertjahrfeier der napoleonischen Kämpfe feierlich begeht, nehmen bereits wieder zwölf bayerische Gebirgsschützenkompanien daran teil.

Als sich im Juni 1949 die bayerischen und die Tiroler Schützen bei einer Wallfahrt zur Gnadenmutter von Egern am Tegernsee treffen, geben die Tegernseer Schützen eine Festschrift heraus, deren prominentester Mitarbeiter der Historiker Professor Karl Alexander von Müller ist. Er schreibt, zum Teil aus eigener Anschauung, von den Gebirgsschützenkompanien:

». . . Ihre Namen und Rangabzeichnungen waren die alten geblieben, sie trugen nach wie vor Fahnen und Büchsen, Trommeln und Schwegelpfeifen. Aber ihre Aufgabe war, neben dem Religiösen, nur mehr die Wacht für das alte Volkstum, seine Sitten und Bräuche. Es sind keine militärischen Kämpfe mehr, bei denen sie sich jetzt ihre Auszeichnungen holen, sondern es sind etwa die deutschen Bundesschießen in München, die großen Trachten- und Heimatfeste im ganzen Oberland . . . Fahnenweihen und kirchliche Feiern, wie die Grundsteinlegung des Wallbergkirchleins . . . Nur im kirchlichen Bereich, kann man sagen, wurde in diesen Jahrzehnten auch ihr alter Mut noch einmal auf die Probe gestellt. Wir entsinnen uns einer Fronleichnamsprozession in Egern in den späten Jahren der nationalsozialistischen Herrschaft, in einer Zeit, da der wachsende christentums- und kirchenfeindliche Druck der Partei die Umzüge in unseren Städten schon klein und immer kleiner zusammenschrumpfen ließ: da war der ›Hauptmann‹ der Tegernseer Gebirgsschützen, der mit gezücktem Degen das Allerheiligste begleitete, nicht nur ein bloßer Festschmuck, sondern er und seine Genossen an der Seite waren wieder wirkliche Wächter des Heiligtums . . . Aber auch dies ist vorübergegangen. Heute tragen die Antlaßschützen auf Befehl der Besatzungsmacht anstelle der alten Feuerwaffen nur noch Äxte, Hacken oder Armbrüste; aber die Waffen sind längst Erinnerung und Symbol. Denn der neue Kampf, den die Gebirgsschützen . . . führen, wird nicht mehr mit Waffen entschieden. Es ist das stille, unermüdliche Ringen für das heimatliche Volkstum, für die heimische Sitte in Tracht und Kunst, in Lied und Tanz, im täglichen wie im feiertäglichen Brauch . . .«

Nun – unsere oberbayerischen Gebirgsschützen haben ihre Holzhacken längst wieder ins Eck gestellt, und lange schon tragen sie wieder ihre Stutzen. Sie repräsentieren gelegentlich sogar den Freistaat Bayern, wie zum Beispiel beim Besuch der Königin von England. Heute gibt es wieder Gebirgsschützenkompanien in Aschau, Benediktbeuern, Beuerberg, Eschenlohe, Elbach-Wörnsmühl, Ellbach bei Tölz, Flintsbach, Gaißach, Garmisch, Gmund, Gotzing, Jachenau, Kochel, Lenggries, Mittenwald, Oberaudorf, Partenkirchen, Prien, Reichersbeuern, Schliersee, Tegernsee, Tölz, Waakirchen und Wackersberg.

Sie sind zusammengeschlossen im Bund bayerischer Gebirgsschützenkompanien. Ihre großen Tage sind der Fronleichnamstag und der darauffolgende Sonntag. Da begleiten sie in feierlicher Prozession das Allerheiligste durch das Dorf und über die Felder. In den Kirchen rasselt der Trommelwirbel zur heiligen Wandlung. In Wackersberg donnert der Salut der Schützen zu den vier Evangelien über die Felder. Und in Lenggries zieht die Kompanie nach der Prozession vor dem Pfarrhaus auf. Der Schützenhauptmann läßt die Schützen ausrichten – die Gewehre laden –, dann kommandiert er: »Ladstock an Ort!« – »Achtung!« – »Schultert's Gewehr!« – »Präsentiert's Gewehr!« – Er tritt mit gesenktem

Säbel vor und verkündet: »Eine Salve wollen wir verehren, dem hochwürdigsten Herrn — Ein Vivat!«

Dann spielten wie seit eh und je die Trommler und Pfeifer. Anschließend macht der Hauptmann eine Wendung und kommandiert: »Schultert's G'wehr!« — »Hoch's G'wehr!« — »Hoch an — Feuer!« — Und dann donnert die Salve über den hochwürdigen Herrn hinweg. Wenn die Schützen — in Benediktbeuern zum Beispiel — vom Klosterhof mit klingendem Spiel, mit Spielmannszug, Musik und wehenden Fahnen hinauf ins Dorf zum Gasthof Post marschieren, so laufen sie dort nicht stillos auseinander zu Knödel, Schweinsbraten und Bier; sie geben ihrem Auftreten, ehe sie wegtreten, vielmehr einen würdigen, einen königlich-bayerischen Abschluß. Die Kompanie macht Front, der Schützenhauptmann kommandiert Ehrenbezeugung, der Musikmeister hebt den Taktstock, und laut dröhnt die Stimme des »Beierer« Hauptmanns: »Fahnenparade — Fahne — marsch!« Dann erklingt der alte königlich bayerische Präsentiermarsch. Die Fahne ist eingerückt und der Hauptmann kommandiert: »Augen gerade — aus! — Das Gewehr — über! — Gewehr — ab! — Nach rückwärts — weggetreten!«

Literatur

A. Bauer
»Die Geschichte der Gebirgsschützenkompagnie Wackersberg«. Altheimatland 4. Jg. 1927/28, S. 139.

A. Bauer
»Wackersberger Schützenhauptmann-Verzeichnis«. Altheimatland 4. Jg. 1927/28, S. 8.

W. Beck
»Bayerns Heerwesen und Mobilmachung im 15. Jahrhundert«. Archivalische Zeitschrift N. F. 18, 1911.

A. Baumgartner
»Über die Entstehung und Organisierung des Bürgermilitärs in Baiern ...« (Bürgerfahnenweihe 12. Oct. 1808), München 1808/9.

O. Bezzel
»Darstellungen aus der bayerischen Kriegs- und Heeresgeschichte Heft 14« — »Die Maßnahmen Bayerns zum Grenzschutze im Feldzug 1809«. München 1905.

A. v. Bombard
»Die Gebirgsschützenkompagnie Prien — Das Schützenwesen«. Heimatbuch Prien.

F. Brügel
»Die deutsche Volksbewaffnung oder neue Landwehrordnung besonders im Hinblick auf Bayern ...« Verlag J. J. Palm und Ernst Enke — 1848.

J. Brunhuber
»Vom alten Schützenwesen im Leitzachtal«. Altheimatland 4. Jg. 1927, Nr. 17.

J. Brunhuber
»Chronik des oberen Leitzachtales«. Die Gebirgsschützenkompagnie Wörnsmühl-Elbach, bei Georg Ultsch in Birkenstein — 1928.

C. Feichtner
»Bürger-Militär und Gebirgsschützenkorps«. Miesbach 1927.

E. v. Frauenholz
»Das bayerische Landesdefensionswerk«. München 1939.

M. v. Freyberg
»Pragmatische Geschichte der bayer. Gesetzgebung und Staatsverwaltung in den Zeiten Maximilians I.«. Leipzig 1838—1839.

L. Gernhardt
»Die Wackersberger Schützen«. Altheimatland 3. Jg. 1926, Nr. 5.
L. Gernhardt
»Die Wackersberger Schützen«. Altheimatland 4. Jg. 1927, Nr. 15.

v. Hefner
»Chronik von Rosenheim«.

J. Heilmann
»Kriegsgeschichte von Bayern, Franken, Pfalz und Schwaben 1506—1651«. München 1868.

F. Hofmann
»650jähriges Jubiläum der Kgl. priv. Feuerschützen-Gesellschaft«. Reichenhall 1959.

P. Kiem
»Oberbayerische Volkslieder«. München, Callwey-Verlag.

G. W. Kraus
Lithographiefolge 1835 »Festzug zur Feier der Jubelehe des Königs Ludwig und der Königin Therese zu München«. München, Verlag Hochwind.
G. W. Kraus
Lithographien »Landesbrautzug am Hochzeitstag des Kronprinzen Maximilian, 16. Oktober 1842«. München 1842.

F. v. Krenner
»Bayerische Landtagshandlungen 1429—1513«. München 1803 bis 1805.

J. v. Lipowsky
»Chronik von Amberg«. 1818.
J. v. Lipowsky
»Bürger-Militär Almanach f. d. Königreich Baiern«. 1809 und 1810.

J. v. Lipowsky
»Nazional Garde Almanach«. 1811, 1812. München, bei E. A. Fleischmann. 1813 Ingolstadt (b. A. Attenkover).
J. v. Lipowsky
»Nazional Garde Jahrbuch für das Königreich Baiern«. 1814, 1815. München (b. Jak. Giel).
J. v. Lipowsky
»Nazional Garde Almanach«. 1816 (b. Jos. Zaengl).

H. Moser
»Chronik von Kiefersfelden«. Rosenheim 1959.

K. A. v. Müller
»Von den bayerischen Gebirgs- und Antlaß-Schützen« — Festschrift »Tag des Alpenländischen Volkstums«. Rottach-Egern 1949.

M. v. Morawitzky
»Übersicht der von dem Kloster Benediktbeuern für das allgemeine Landes-Defensionswesen ... vom Jahre 1702 bis 1705 getroffenen Verteidigungs-Anstalten«. München, Oberbayerisches Archiv, Band 16.

Münich
»Die Landfahnen«.

J. Noderer
»Die Gebirgsschützen im Isarwinkel«. Bay. Heimatschutz, 19. Jg., 1921, Heft 8/12.
J. Noderer
»Die Lenggrieser Gebirgsschützen«. Bayerland, 46. Jg., Nr. 23/24.

P. E. Rattelmüller
»Die Gebirgsschützenkompanie Tegernsee«. Tegernsee 1969.
»Die Gebirgsschützenkompanie Wackersberg«. Tölz 1969.
»Die Gebirgsschützenkompanie Gmund«. Gmund 1973.
P. E. Rattelmüller
»Ein festlich Jahr«. München, Callwey-Verlag.
P. E. Rattelmüller
»Ein bayerisch Jahr«. München, Don-Bosco-Verlag.
P. E. Rattelmüller
»Die bayerische Landwehr«. München, Südd. Verlag 1969.

P. E. Rattelmüller
»Programm Münchener Oktoberfest Trachten- und Schützenzug«. München 1968.
P. E. Rattelmüller
Manuskript einer Rundfunksendung »Eine Salve wollen wir verehren . . .«. Regionalprogramm Altbayern — Juni 1968.

H. Reidelbach
»Luitpold, Prinzregent von Bayern«. München 1892 — 70. Geburtstag des Prinzregenten am 12. März 1891.

A. Roth
»Lieber bayrisch sterben« — München 1955.

J. K. Schmid
»'s Kinischieß'n vo' Tölz 1855«. Tölz 1855.

E. Schuler
»Gebirgsschützen-Kompanie Aschau im Chiemgau«. 1968.

J. N. Sepp
»Der bayerische Bauernkrieg mit den Schlachten von Sendling und Aidenbach«. München 1884.
J. N. Sepp
»Tausendjährige Kriegsgeschichte des Bayer. Oberlandes bis zur Gegenwart«. München 1896.

J. Stempfl
»Die Gebirgsschützenkompanie Lenggries«. Bayerland, Dezember 1932.

G. J. Wolf
»Ein Jahrhundert München 1800—1900«. München 1922.

J. Würdinger
»Die bayerischen Landfahnen vom Jahre 1651—1705«. Landshut 1863.
J. Würdinger
Vortrag: Beiträge zur Geschichte des Bayer. Landes-Defensionswesens unter Kurfürst Maximilian I.
J. Würdinger
»Kriegsgeschichte von Bayern, Franken und Schwaben von 1347—1506«. München 1868.

H. Wulff
»Von den Schützen in Tölz und Lenggries«. Altheimatland, 4. Jg., 1927, Nr. 14 und 15.
H. Wulff
»Vom Schützenwesen unter besonderer Berücksichtigung Oberbayerns«. Altheimatland, 4. Jg., 1927, Nr. 15 und 16.

F. Zell
»Bauerntrachten aus dem Bayer. Hochland«. München 1903.

Militärhandbuch Königreich Bayern für das Jahr 1869.

Unterricht in den Waffen-Übungen für die Landwehr-Infanterie des Königreiches Bayern. München, bei Georg Franz, 1835.

»Geschichte des Bayerischen Heeres«. Herausgegeben vom Königl. Bayerischen Kriegsarchiv, im Auftrag des Kriegs-Ministeriums. Band I, II, III, V und VI.

»Münchener politische Zeitung«. München, Oktober 1835.
»Allgemeine Zeitung«. Augsburg, Oktober 1835.
»Allgemeine Zeitung«. Bericht von Ludwig Steub: »Landesbrautzug«. Augsburg, Oktober 1842.

»Tölzer Kurier«. Tölz, unter anderem 1881, Nr. 101 — 1887, Nr. 50.
»Illustr. Katalog der Jubiläums-Ausstellung der Königl. Akademie der Künste«. Berlin, 58. Ausstellung — S. 140.
Abbildung: Wilh. Marc »Die Prozession von Wackersberg«, Berlin 1886.
»Mitteilungen für die Archivpflege«. München, April 1950, Nr. 37.
»Gebirgsschützenkompanie Aschau im Chiemgau«. Aschau, Festschrift 1968.

Archive, in denen Unterlagen über Gebirgsschützen zu finden sind:
Bayerisches Hauptstaatsarchiv.
Staatsarchiv für Oberbayern.
Allgemeines Staatsarchiv, Abt. II.
Das ehemalige bayerische Kriegsarchiv.
Die Stadtarchive Miesbach, Reichenhall, Rosenheim und Tölz.
Archiv der Gebirgsschützenkompanie Gmund
Zum Teil sind Unterlagen im Besitz der einzelnen Kompanien.

Inhalt

Bilderverzeichnis